东方朔

能言善辩的一代智贤

刘叶青　著

辽宁人民出版社

© 刘叶青　2024

图书在版编目（CIP）数据

东方朔：能言善辩的一代智贤 / 刘叶青著 . — 沈阳：辽宁人民出版社，2024.2

（中国历代谋臣系列）

ISBN 978-7-205-10890-8

Ⅰ . ①东… Ⅱ . ①刘… Ⅲ . ①东方朔（前 154—前 93）—传记 Ⅳ . ① K825.6

中国国家版本馆 CIP 数据核字（2023）第 196139 号

出版发行：辽宁人民出版社
　　　　　地址：沈阳市和平区十一纬路 25 号　邮编：110003
　　　　　电话：024-23284191（发行部）　024-23284304（办公室）
　　　　　http：//www.lnpph.com.cn
印　　刷：河北朗祥印刷有限公司
幅面尺寸：145mm×210mm
印　　张：7
字　　数：120 千字
出版时间：2024 年 2 月第 1 版
印刷时间：2024 年 2 月第 1 次印刷
责任编辑：赵维宁　段　琼
封面设计：乐　翁
版式设计：一诺设计
责任校对：吴艳杰
书　　号：ISBN 978-7-205-10890-8

定　　价：39.80 元

序　言

中国数千年历史，宛如一条奔流不息的长河，淘洗、熔铸出许多千古风流人物，西汉汉武帝时代的东方朔就是其中一位。东方朔，复姓东方，名朔，字曼倩，汉太中大夫，侍汉武帝一生，山东省德州市陵城区神头镇人（古称平原厌次）。他具备广博的知识和深厚的记忆力，对天文地理、药石艺术、文韬武略等方面都有精深的造诣。他机警幽默，善于以讽刺和嘲笑表达自己的观点，以妙语引人发笑。历史上，他被誉为"滑稽之雄"。他深切关注国家和人民的福祉，以直谏的方式讽谏君主，其雄迈的节操和高超的才气征服了许多朝廷大臣，大臣们对他的才华自愧不如。然而，在民间传说中，东方朔这位血肉之躯被塑造成了仙人形象，被描述为天上的岁星、上八仙、桃仙子等。传说他曾三次偷食了西王母三千年一熟的蟠桃，因此被贬谪人间。大多数的日子里，他在朝廷上的职位是一名执戟侍郎，但他凭借着广博的知识和诙谐的个性，与万乘之尊的君主以朋友相待，视同僚如同草芥。他的放荡不羁、无拘无束的性格使得他在朝廷中依然表现出不羁的个性。

西汉史学家褚少孙补录的《史记·滑稽列传》东方朔事迹，多是奇闻逸事，到了东汉班固的《汉书》中，东方朔的趣闻、逸事就已经广为流传了："行于众庶，童儿牧竖莫不眩耀。"自西汉时代起，历代文人学者对东方朔的赞誉不断，或以文章表述，或以绘画描绘。这些赞誉者包括汉代的刘向、应劭，晋代的刘瓛、夏侯湛、王羲之，唐代的李白、杜甫，明代的刘伯温、李贽、张溥、康丕扬以及清代的文人雅士等，数量众多，不计其数。此外，唐代的大画家吴道子、明代的唐伯虎以及现代的大画家齐白石、邓芬等也为东方朔绘制了赞颂的作品。然而，值得注意的是，尽管有许多人对东方朔表达了赞扬，但大多数人在赞扬的同时，却将东方朔神化，称其为"盗桃仙人"，这或许并非东方朔历史的真实写照。

东方朔是一位身高九尺的男儿，在第一次自我推荐时，他曾明确表述过这一点。"臣朔少失父母，长养兄嫂，年十三学书，三冬文史足用。十五学击剑。十六学诗书，诵二十二万言。十九学孙、吴兵法，战阵之具，钲鼓之教，亦诵二十二万言。凡臣固已诵四十四万言。又常服子路之言。臣朔年二十二，长九尺三寸……"从西汉至今两千年来，文人雅士和庶民官员普遍将东方朔尊为神人异端，其原因为何？他官位很小，在五千多年的封建王朝历史中，像这名小官吏一样渺小的个体何止千万！这些个体在皇权统治下承担着各种职责和使命。东方朔还曾多次提出建议，劝告皇帝不要相信神仙的存在。那么，这位多次劝谏皇上莫信神仙的人，怎么会被人们堂而皇之地捧成了神仙？这主要是因为人们喜欢他的作品："喜为庸人诵说……行于众庶，童儿牧竖莫不眩耀。"人们尊敬他是中国相声、谜语、俗文学、盲人算命的四大鼻祖，尤其欣赏他忧国忧民的情怀，对国家和君主关心忧虑，对平民百姓爱护体贴。他以正直的人格力量照耀着历史的篇章，肝胆相照，直言不讳。晋文学家夏侯湛曾在《东方先生画赞》中赞道："雄节迈伦，高气盖世；可谓拔乎其萃，游方之外者也。……矫矫先生，肥遁居贞；退弗终否，进亦避荣；临世濯足，希古振缨；涅而无滓，既浊能清；无滓伊何？高明克柔；能清伊何？视污若浮。乐在必行，处俭冈忧；跨世凌时，远蹈独游……"正由于东方朔具有高尚的人格，并且创作了大量深受人们喜爱的文艺作品，人们对他很是崇敬和热爱。随着时间的推移，他被推崇为神仙。类似于黄帝率领本族战天斗地，造福百姓，被尊为神仙；神农氏为民造衣食，被尊为神仙；屈原忧国忧民，与国家共存亡，浩气长存，也被百姓尊为地下有知的神灵。这表明，大多数神灵都是由人升华而成。因为他们做出了大量有益于国家和民族的事情，人们特别尊敬他、爱戴他，人们希望这样的人永远活着。

笔者依据史实，并广泛搜集整理流传于世的文章，描述智圣东方朔浪漫的一生。

刘叶青

2023 年 8 月

目录

第一章

贤良之才

一、盗桃少年

山东省德州市陵城区的一个小镇名叫神头镇，在过去被称为平原郡厌次县。在春秋战国时期，这个地方非常繁荣。各个国家的贵族和方士们都会经过这里前往东海寻求仙缘。

相传，有一年，秦始皇东游途经这个地方，他眼前出现了一片茂盛的土地，紫气弥漫其中，一座山逐渐升起，宛如有一条龙若隐若现。秦始皇询问道士："这是什么气？"

道士回答说："这是帝王的气息。"

秦始皇听后感到不满，他拿起一把镇山的宝剑，放在宝鼎里，压在这个地方，并将县名改为"厌次"，以阻止气势的发展。置鼎之日，厌次百姓群集而观，众人看到，有一神龙从鼎下露出头来，一道金光，径向正南射去，而鼎下一方泥土，却被迸落到西边不远的大河岸边。百姓无不惊奇。自此，他们便不称此地为"厌次"，却将它美名为"神头"。

在汉文帝后元三年（前161），有一位名叫东方朔的人在平原郡神头县出生。他的父母早逝，由兄嫂抚养长大。他原姓张，名夷，字曼倩，母亲姓田。因为在他出生三天时失去了母亲，由邻居的母亲拾朔抚养，所以被取名为"朔"，而东方表示出生时东方天空开始明亮，因此姓"东方"。在邻居的母亲去世后，他由兄嫂照顾。他聪明过人，读书能够迅速理解并牢记，拥有出色的记忆力。不论大人们做什么，他都能一眼看懂，一看就会。因此，兄嫂对他格外喜爱。然而，年幼的东方朔除了聪明伶俐和讨人喜爱外，他还喜欢打架，调皮捣蛋。他手脚灵活，能够在不被察觉的情况下偷走别人身上的东西，玩弄一些常人难以想象的把戏，因此经常惹是生非。

有一天，他背着个破草筐出村去割草，看见一个道士骑着牛晃晃悠悠地从他身边经过。他注意到牛背上驮着两筐桃子。东方朔看到桃子开了眼，想偷几个尝尝鲜。然而，他听说这位老道士非常厉害，一巴掌能将石磙砣子拍碎。如果他偷吃桃子被抓到，那就麻烦了。

东方朔眯起眼睛，露出一丝狡黠的笑容，他有了个主意！他走上前，向老道士行了个礼，问道："大仙爷爷，您要去哪里呀？"

老道士正坐在牛背上，慢悠悠地移动着。看到一个村里的小孩向他行礼并询问，老道士觉得这个小孩既精神又懂礼貌，非常喜欢他，便回答道："我要去三元宫。"

东方朔说："刚才我在那边割草，看见一条长着两个脑袋的大白蛇，吓人极了！"

老道士听后心里一惊，不是害怕蛇本身，而是知道白蛇很少见，双头蛇更是稀有，这是不吉利的兆头。他想，难道今天会有两个权力相斗争吗？于是，他认真地向东方朔询问蛇是什么样的，有多粗，有多长，去了哪里。东方朔一边跟在老道士骑的牛的后面走着，一边生动地向老道士描述。老道士听得入神，感觉东方朔在撒谎。他一磕牛肚，牛儿四脚一蹬，刚跑出一段距离，老道士发现牛驮的两筐桃子少了很多。老道士拉紧缰绳，摇动柳鞭，牛儿像懂人言一样立刻转身回来。

老道士追上东方朔，下了牛，把东方朔背上的草筐拿下来，笑着说："我看看那条双头蛇，是不是藏在你的草筐里了？"

老道士翻动草筐里的草，却惊讶地发现除了一大把青草外，什么都没有！抓贼要抓赃物，老道士没有找到桃子，无可奈何，他只好叹了口气，苦笑着向回走去。他一边走一边自责，作为一个出了名的"大仙人"，竟然被一个小顽童给耍弄了。老道士越想越奇怪，他把牛儿拴在路旁的一棵大柳树上，然后自己坐在柳树阴凉处。这是通往厌次的必经之路，他想要看清楚，这个机灵的小鬼到底把桃子放在哪儿，玩了什么花招儿。

老道士在树下坐了一会儿，然后慢悠悠地从一条小路上抄近道过去。他正准备走上路时，看到路旁的地里有一个桃子，他恍然大悟。原来这个孩子趁着说话的时候把桃子从筐里偷出来，顺手扔进路旁的庄稼地里。老道士不禁苦笑自语道："这个小机灵鬼真是聪明！"老道士又转回大柳树下，打算在这条必经之路上等东方朔。

此时已经是正午时分。远远望去，只见东方朔背着一筐草，歪歪扭扭地从大路走向这边。老道士惊讶地望着他，哦！这个乡村的顽童五官端正，调皮中透出一股正气。老道士心想，为什么不将他指引成才呢？

东方朔高兴地背着装满桃子的草筐走着，突然抬头，惊讶地发现老道士已经站在他面前。面对无处可逃的局面，东方朔故作毫不在乎的表情，将筐扔到地上说道："你可以检查，你可以检查……"然而，筐里的桃子毫不客气地滚落到地上。东方朔心慌意乱，鼻尖上冒出汗珠。

老道士没有责备他，反而笑着将桃子从地上捡起来，放回筐里，并询问道："你叫什么名字？"

"我叫小朔头。"

"你的大名是什么？几岁了？"

"大名叫东方朔，今年 8 岁。"

"你家里有什么人？"

"有哥哥、嫂子，还有一个干娘。"

老道士仔细地观察了东方朔一会儿，然后问道："东方朔，你愿意跟我去看桃园吗？"

"我愿意！"

"很好！回家让你娘带着你来找我。"

说完，老道士骑着牛晃晃悠悠地回到三元宫去了。

三元宫与东方朔家隔河相望，所以不一会儿，东方朔就提着扫帚疙瘩来找老道士了。

老道士责怪道："我不是让你娘带着你来吗？"东方朔苦着脸举起手中的扫帚疙瘩说："这就是我的干娘。"老道士听后笑了起来，说："我是让你家中的大人带着你来，我有话要和她说。"东方朔这时才含着泪讲述了事情的经过。原来他没有父母，是和兄嫂一起长大的。由于有人说他命运不好，必须找个干娘才能长命，但因家境贫困，无法请一个真正的干娘，兄嫂就用扫帚疙瘩代替。老道士听完，抚摸着东方朔的头说："可怜的孩子，那就回去让你兄长带着你来吧！"

东方朔的兄长金老大是个老实忠厚的农民，听到弟弟说要去三元宫干活，摇摇头说："弟弟从小没有父母，我怎么能忍心把他推出去呢？"金老大的妻子听后笑了笑，拍了拍孩子对憨厚的丈夫说："我们弟弟聪明伶俐，不少人说他是个富贵之相，我相信大仙会庇佑他的。这是好事。"

第二天，东方朔穿着嫂子为他做的新衣服，兴高采烈地跟在金老大的身后来到三元宫。听到屋里有人喊："进来吧！"

金老大和东方朔听到声音，但没有看到人，感到十分奇怪。东方朔胆子大，推开半掩的竹门，引着兄长走进屋里。一进屋，两人都大吃一惊，只见一位白发苍苍的老人前胸赤裸着。金老大领着弟弟走进屋，忙对东方朔说："弟弟，快行礼见大仙。"

老道士拉起叩头行礼的东方朔，对金老大说："你弟弟聪明伶俐，且有贵人相，只要得到指导，必定会有出息。我愿意收他为徒，你们意下如何？"金老大连忙表示感谢并表示愿意。

三元道人将两人扶起，详细地解释了一下宫中的规矩。这位张良的高徒爰顷的四子爰刚为人所不知，他是一个智勇过人的高人。因为无法阻止自己兄弟谋反，他也同样遭到灭门九族的命运。逃生后，他隐姓埋名，在此处建立了三元宫。表面上，他是个修道行善的人，实际上却是看守着族门坟墓。

三元宫后面是一片荒野，有许多大小坟墓。荒野上到处是荆棘和蒿草，是狐狸、兔子、蛇和老鼠出没的恐怖园地，无人敢进入。

虽然三元道人已经白发苍苍，但他脸上依然洋溢着红光，声音洪亮，行走之间快如风。当地人都知道他是个非凡之人。近来，三元道人感到自己的身体力量不支，明白自己的日子不多了。为了将他的文武技艺传给后人，他在附近几个村庄找了十几个顽童，准备从中选拔几个好徒弟。

本来寂静的三元宫突然变得热闹起来，十几个小孩子进了院子。院子里种了许多桃树，有鲁国的佛桃、吴国的夏白玉、越国的蜜桃、燕国的旱香。院子里到处是结满桃子的枝条，散发出诱人的香味。弯曲的桃枝上挤满了密集的大桃子，在微风中颤巍巍地摇曳。小孩们就像一只只小馋猫，在学习经典和阵法之余，到庭院里浇水和除草。他们来回穿梭，桃子的香味使他们那对黑葡萄似的小眼睛闪烁着诱人的光芒，但谁都不敢随意行动，都害怕老道士手中毫不留情的桃木棍。

东方朔这个聪明机灵的孩子不仅常常偷桃子吃，而且从未被老道士发现过。因为他有偷桃的绝技——他使用的是"瞒天过海"的技巧。什么叫"瞒天过海"？就是趁着师兄师弟们不注意，摘下桃子，顺手扔到草堂那边。等大家回到原来的位置，他就借着除草或整理庭院的机会将桃子捡起来，带回屋子里享用。

东方朔这次计划失败了。当他准备施展他的瞒天过海之术时，却意外地听到桃子落地的声音有问题。他转身去草堂后面查看，果然出了问题！原来，他偷偷扔掉的桃子竟然都落到了师父三元道人的手中。

三元道人接过桃子，不禁哈哈大笑。东方朔意识到事情不妙，在师兄师弟们的嘲笑声中，急忙跪下向师父求饶。

三元道人似怒似喜地说道："东方朔，数一数你偷了几个桃子。"

东方朔忐忑不安地数了数地上的桃子，说："八个。"

三元道人说："那我就打你八棍。趴下吧！"

三元道人用他手中缠着藤子的桃棍，先围着东方朔画了一个大圆圈，然后挥起响亮的桃棍，先打在他的头顶，接着狠狠打了他的屁股，然后又在他的腰部击打一棍，接着像雨点一样打在他的腿脚上，把东方朔打得痛苦不堪，最后他昏了过去。

东方朔醒来后，看着眼泪汪汪的师兄弟们，忽然眨眼间，思考了一下然后笑了起来。还没等其他人弄清楚他为什么笑，东方朔一下子从地上爬起来，向师父三元道人道谢："谢谢师父的教诲。"说完，他站起来回到自己的住处。

三元道人抚着胡须笑了起来。在众目睽睽之下，三元道人也随着东方朔来到了住处。

他问东方朔："你为什么说这些话？"

东方朔苦笑着说道："师父画圈将我囚禁，意图教导我一种阵法。头尾相击，击尾则头必至，中腰击打则头尾同时受到打击。腿脚连续中击五次，表示五种色彩斑斓的打击。在会稽山，有很多蛇。《孙子兵法》中有一句话：'将之三军，势如彩虹。'师父击打我头尾，岂不正好是要教我这种阵法吗？"

三元道人听完东方朔的解释，叹了口气说道："徒儿所说正是贫道的意图。你以后一定要努力练习武艺，为自己的前途做好准备。也许将来会有一番好成就等着你。"

在此之前，东方朔已经展露出非凡的才能，他已经阅读了三元道人大部分的藏书，并且在学习中进步最快，他的诗文和文章写得非常出色，受到三元道人的喜爱。

时光如梭，转眼间十年过去了。东方朔已经 18 岁，经过三元道人的精心指导，他在文学和武艺上俱为娴熟，对各种学派的思想都了如指掌。更值得喜悦的是，师父还教给他很多医疗和药物制备的技能。

二、诏举贤良

西汉景帝后元三年（前141）正月甲子日，48岁的汉景帝在做了十几年的皇帝之后病死在京都长安城内的未央宫。他的太子，年方16岁的刘彻继承皇位，登基做了皇帝。由于皇帝去世，虽然刘彻登基时是在当年的二月，但依照惯例是不能改元的。过了一年，即公元前140年的岁首（汉代以冬十月为岁首，因此一年之始是冬十月而非正月），刘彻正式将这一年算作自己统治天下的开局之年，这一年便被追述为建元元年。刘彻在位期间，攘夷拓土、国威远扬，东并朝鲜、南吞百越、西征大宛、北破匈奴，开创了汉武盛世的局面，被称为汉武帝。

汉武帝即位的时候虽然只有16岁，却表现出了非凡的才智。这个年轻的小皇帝刚一即位，便对如何治理好天下极为关心。当时，中国还没有建立起完备的官吏选拔制度，要当官除了在事业上有功绩，还可以花钱买官。一般是先当郎官，充任皇帝的侍卫，然后遇到适当的机会受到皇帝的信任，被派出去做官，所以人们的晋身之路十分有限。汉武帝虽然年轻，却十分懂得人才对于治理国家的重要，而他自己又年轻好动，兴趣广泛。因此，汉武帝在正式治理天下的第一年，即公元前140年的年初，便向全国颁发了一封诏书，下令让丞相、御史、列侯、中二千石、二千石、诸侯国的相国等中央和地方高级官员向皇帝推荐"贤良方正、直言极谏之士"，即贤明能干、品德优良、正直不阿，敢于在皇帝面前说真话，发现皇帝言语行动有错误便直言不讳地指出或批评的人。在今天看来，在全国挑选这样的人并不是一件难事，但在两千多年以前的古代，皇帝独裁专制，做臣子的在皇帝面前能够做到这一点的却实在不多。尽管如此，由于皇帝下了诏书，中央和地方官还是向汉武帝推荐了100多人。诏书中汉武帝求贤似渴，他是这样说的：

我当了皇帝以来，知道这个位置任大而守重，唯恐办事有什么过失，所以广延四方豪杰，想从他们口中听到治国大道的精要。你们热烈地响应诏书，我感到很是高兴。你们要精心思虑，我要向你们垂询了。我听说古代的五帝三王治理天下，改革制度，制礼作乐，使天下平安和洽。可是圣王去世之后，治理天下的大道便有残缺了，虽然后代也有许多有志之士努力去干，却再也达不到以前圣王治理天下的水平了。这是因为后人的办法不如先代好呢，还是天命不可复返，一定要将天下推到大乱大衰的境地然后才终止呢？都说夏、商、周三代受有天命，那么他们的受命之符在哪里呢？是什么原因使天下经常发生灾变呢？世界上的东西，有的活得长，有的活得短，有的很慈仁，有的却很残忍，这是为什么？怎样才能使刑罚减轻，百姓和乐呢？怎样才能使鬼神保佑天下苍生呢？你们一一列举，作出回答。

汉武帝又说：我听说虞舜的时候，治理天下很是容易，每天在宫里闲转，天下便治理好了。可是到了周文王时，为了治好天下，经常忙得连中午饭都顾不上吃，这样天下也能得到治理。同样是治理天下，为什么有的那样轻松，有的那样劳累？难道他们治理天下的办法不一样吗？现在我把你们这100多人召来，希望你们认真切磋，给我一个满意的回答。

从这两段话可见，当时汉武帝心中，充满了各种各样的问题，希望有人能给他解答。可当时人们的知识又普遍都很有限，因此只好集思广益，将天下的能人都召来。即使是这样，汉武帝还嫌不满足，除了贤良方正、直言极谏之人之外，他还下令全国广泛征召有特殊技艺才能的人。不管是贤良方正、直言极谏还是有特殊才能的人，只要汉武帝觉得好，就封他们为郎、为官，给他们升进的机会。因此一时之间，天下有才干的人纷纷到京师长安来。不能被官吏推荐，就自己写奏书介绍自己的才干，希望汉武帝能够看到并予以重用。这类人在当时成千上万，许多人其实并没有什么真才实学，但为了打动汉武帝的心，为了以后的功名利禄，免不了自吹自擂，死的说成活的，白的说成黑的，一分本事吹成十分。汉武帝虽然求才若渴，倒也不糊涂，没有真本事的人自然不会录用。可是他又不愿意打击这些人的积极性，便派人回答他们说天子已经知道他们写的什么东西、有什么特殊才能了，然后让他们先回家去等消息。这一回去，当然不会再召他们回来。可是对那些有真本事的人，汉武帝却给予很高的礼遇，比如有一个叫董仲舒的儒生，因为对汉武帝的问题回答得非常好，汉武帝便任命他为江都王的相国。另一个儒生，会稽郡（今浙江省绍兴市）人庄助也因为对策对得好，汉武帝便提升他为中大夫。那些自以为有特殊技能的人当中也确实有一些有真才实学的人。只因汉武帝广罗天下异才，便有一些奇人出世，跑到京师长安来寻找升官之路，他们当中最为有名的人物，便是西汉时期的一代智圣——东方朔。

三、三千奏牍

汉景帝中元元年（前149）到汉景帝后元三年（前141），东方朔13岁到21岁。《应诏上书》道："年十三学书，三冬文史足用。十五学击剑。十六学《诗》《书》，诵二十二万言。十九学孙、吴兵法，战陈之具，钲鼓之教，亦诵二十二万言。"

汉武帝建元元年（前140），东方朔22岁。闲来无事，他便与一些朋友骑着马出去打猎，驰骋在平原旷野之中，经常冒霜雪，踏泥泞，晨夜不归。那时候，民间尚武的风气还很盛，年轻人挎刀带剑，练习劈砍击刺是常事。而且当时汉朝人还经常受北边塞外匈奴人的骚扰和进攻，汉朝廷也鼓励民间习武。许多青年人的理想是做一个善使刀剑的侠士，为人打抱不平、劫富济贫，侠客也特别受到人们的尊敬。东方朔的家乡所在的平原郡，在东方朔之前七八十年的战国时代是齐国的领地。齐国人本来就爱使侠尚气，喜欢和别人角斗。齐国人的天性又胸襟坦荡，豪气干云。如果无所事事，年轻人也会斗鸡走狗，下棋赌博，甚至掘人坟墓，偷盗宝藏。而且这一带距离齐国的旧都城临淄很近，土地肥沃，经济发达，商业繁盛，百姓不太发愁吃穿，也为他们从事别的活动提供了经济基础。这种风气在汉朝时还一直延续了很久。东方朔从小就喜欢剑术，虽然他天性贪玩，读书却还用心，当时所有能找到的书他都读遍了。他尤其喜欢兵书，像当时流行的《孙子兵法》《孙膑兵法》等。儒家的经典著作如《诗》《书》《论语》等，他也喜欢读。孔子的弟子之中，东方朔最喜欢子路，他不仅像子路那样喜欢剑术，扶危济困，还学习子路的精神，凡是决定要做或答应别人的事情便立即行动，绝不拖到第二天。到十六七岁时，东方朔已长得如成人一般高大，他衣冠雄伟，强壮有力，豪放不羁，幽默机智，深受同里和附近人们的喜欢。到了结婚的年龄，他便也娶妻生子，有了自己的家庭。他的妻子名叫细君，这个名字在汉代很常见。至于他有几个孩子，今无据，不得而知。

在汉武帝下诏征贤良方正和有特殊技艺的人才之前，东方朔虽然长大成人，并且有文化、有能力，却没有多少发挥才干的机会和为官为吏、出人头地的条件。家里买不起官，祖上又没有大人物可以托福，而先到县里任个小吏，然后慢慢寻求升迁，却又不知要熬到何年何月才能升到高位，这是东方朔所不愿意的。何况升官还有许多窍门，东方朔偏又性格纯良率真。因此，到了成人的年龄，东方朔也只打算像别人一样，按照朝廷的规定，服几年兵役和劳役，然后回家耕田务农，闲暇时则读书为乐，安稳平凡地过此一生。

然而，汉武帝发布的诏书在厌次县发出后，极大地触发了东方朔内心中实现理想、有所作为的想法。他反复思考着，是否要按照常规方式，通过郡守或县长的推荐，然后展示自己的才能，以获得皇帝的认可和任用。然而，他的家庭出身卑微，父母早逝，兄嫂忙于家务，几乎没有与官员交往过，根本没有机会结识县令或郡守，更别提让他们推荐自己了。东方朔陷入困惑，他如何才能在众人中脱颖而出呢？为何不直接向皇帝上书，展示自己的才华呢？这个想法在他心中一触即发。由于他擅长写作，特别擅长写出独特的文章。他突然爆发出与生俱来的幽默感。"我要写一篇自传，让天子看过一遍就永远难以忘怀！"东方朔夜以继日地奋笔疾书，忙碌了一个多月，总共写了3000块竹简。他按照章节编排，卷成捆，由金老大驾驶牛车，亲自送到郡侯府。

郡侯王刘义原本想压制下皇帝的诏书，因为他担心再多一个与他平起平坐的官员，尤其是这位被戏称为"小道士"的东方朔。东方朔博学多才、见识广博，还擅长一些仙术功夫，有很大的机会成为高级官员。但是，他突然听说东方朔已经送去了写给朝廷的书简，这让他内心焦虑不安。如果他不再向上呈报，就会遭受违抗圣旨的指责。他只好顺水推舟，立即派出马车，命人护送书简到长安。

在长安这座首都，东方朔的书简经历了一番曲折，最终被荐举至皇宫。这时已经是汉武帝刘彻的建元元年（前140）十月，他迫切地需要贤才，对这3000块竹简产生了浓厚兴趣。他花费了整整两个月的时间，才读完了这些书简。据《史记》记载："人主从上方读之，止，辄乙其处，读之二月乃尽。"意思是说，汉武帝持续阅读着这堆书简，一捆接一捆地打开，他对其中的内容如痴如醉，无论是在重要的事务上还是吃饭、睡觉或上厕所时，都要用笔在刚读到的地方画一个"横折钩"，类似于"乙"字的形状，做下标记以便以后继续阅读。起初，这位年轻的皇帝见到这么多木简，心里可能有些不快，觉得书简的作者一定是个老儒生。然而，当他开始阅读东方朔的这些具有幽默风趣和深刻见解的文字时，他不禁拍案叫绝。

大多数人给皇帝上奏章要么是一捆竹简，要么是一卷帛书，总之都力求简洁明了。皇帝每天处理众多政务，奏章在书案上堆积如山，如果你写得太长，他哪有时间来看呢！东方朔之所以与众不同，就奇在这一点。当时负责接收奏章的官员一看到3000块竹简的数量，真是哭笑不得，只好让两个强壮的侍卫用尽九牛二虎之力将其搬送到宫中。

明代爱国志士陈子龙在研究《史记》时曾指出，在那个时代还没有纸，要是东方朔的3000块竹简用绢帛抄写，也只需要数十卷而已。东方朔所献上的东西吸引汉武帝并不是因为其篇幅之长，而是因为其中所蕴含的神奇之处。汉武帝花了整整两个月的时间才读完这些竹简，这仅仅说明了一个事实：

可见人主爱重其书，非以多而难尽也。

——《史记会注考证》卷一百二十六

这句话暗示着，那3000块竹简并非难于一时阅尽的庞大篇幅让汉武帝如此着迷，而是其中所蕴含的内容精彩绝伦，令人着迷。然而，由于现今已经无法得知这些竹简中具体写了什么内容，因此成为一个谜团待解。根据对东方朔的学识和他后来的表现，大致有两种可能性存在：第一种可能是，这些竹简中可能记载了东方朔的治国方略。与汉武帝一样，东方朔也是一位综合各家思想的学者，其中以道家思想为主导。《易经》中记载的"与时偕行"，同"与时俱进"异曲同工，揭示了他的核心思想。东方朔在人生末年送给其子的《诫子诗》一文中就曾提到这样四句：

圣人之道，一龙一蛇；

形现神藏，与物变化。

　　换言之，智者在治理天下时，会根据形势变化而采取不同的策略。在充满风云变幻的时刻，他像一条游走于天空的巨龙，具备翻云覆雨的能力；而在命运不佳的时刻，他将自己看作一条蛇，潜伏在池边，游弋于草根之间。如同《孟子》所说的那样："穷则独善其身，达则兼济天下。"而"形现神藏"这四个字，则形象地描述了东方朔献上的 3000 块竹简，竹简代表了他的外在形态，而其中的"道"则呈现了他的内在智慧。"与物变化"是《易经》的精髓，也是东方朔所倡导的治国之道的核心所在，意味着融会贯通、灵活变化，具体应策取决于时机和环境。这种思想、行动方式，无论从内容还是形式上来看，都与汉武帝迫切需要用人、任用智者的愿望不谋而合。难怪他读完竹简后，难以割舍，专心琢磨了整整两个月。

　　东方朔提出的"圣人之道，一龙一蛇"，是他对个人行为和处世态度的总结，而对于汉武帝来说，这是帝王治国的核心理念。汉武帝刚开始执政时，表现得像一条翱翔于天空的巨龙，但由于受到窦太后的干预和军队的损失，他变得像一条蛇，对太皇太后和太后谄媚巴结。然而，在窦太后去世之后，他重新展现了龙的本色，具备操纵天地的能力。至于"与物变化"，这一原则贯穿了汉武帝一生。他多次改元，前期是每六年一次改变：建元、元光、元朔、元狩、元鼎、元封；后来变为每四年一次：太初、天汉、太始、征和、后元。历史学家常常批评他"多变"，但实际上，每次改元都有重要的政策导向。比如元光表示窦太后去世，新政将大放光芒；元朔和元狩象征着对北方的重视，开始打击匈奴；元封代表着封禅泰山，国家一统；太初标志着新历法和纪元的成功；等等。总之，每次改元都意味着治国策略的调整和转变，每一个年号都反映了当时的时代精神。这些实践体现了"形现神藏，与物变化"的理念。

第二种可能是，汉武帝在查看的3000块竹简中发现了东方朔对宇宙和世界的独特见解。东方朔出生在平原，离大海不远，年少时是一个常常离家出走的少年，直到13岁才安定下来开始读书。在他12岁之前，关于他的传说都是关于他如何到海边游玩，如何前往神仙洞府的。东方朔后来创作的《神异经》和《海内十洲记》中充满了关于昆仑山和扶桑国的故事。这表明，他向皇帝献上的书简很可能描述了他对这个世界极为奇特的认知。汉武帝即位时年仅16岁，正值对充满神秘和魔幻的世界生发痴迷的年龄，因此他非常沉迷其中。众所周知，汉武帝从小就喜欢神仙，并一直追求长生不死的境界。他曾派遣使者去海上寻找仙山，到昆仑山寻找王母娘娘。而关于《汉武帝别国洞冥记》和《汉武故事》的书籍中，讲述的正是东方朔和汉武帝一起寻求仙境、与王母娘娘会面的故事。

从青年到晚年，东方朔一直是汉武帝的"神仙伴侣"。或许通过东方朔的3000块竹简，汉武帝的"求仙情结"得到了满足。汉武帝自幼迷恋神仙，渴望实现长生不死的愿望。尽管他的"求仙情结"给当时的政治和社会生活带来了一些负面影响，但正是因为他的追求，黄河发源于昆仑山的秘密才在他的统治时期被探险家们揭示出来，他也认识到昆仑山以西还有许多国家、大海以东还有扶桑国等。从某种意义上说，神仙和魔幻的事物拓宽了汉武帝的视野，也扩展了年轻皇帝的胸怀，这对他后来派遣张骞开辟西域、与欧洲建立联系，派军队征服高句丽（朝鲜大部分领土），将疆域扩展到南方的日南郡（越南中部），并将匈奴赶到草原北部，都产生了一定的启发。东方朔是"智圣"，"三千书简"一开头便自荐成功。奏章一开头是这样写的——

臣朔少失父母，长养兄嫂。年十三学书，三冬文史足用。十五学击剑。十六学《诗》《书》，诵二十二万言。十九学孙、吴兵法，战阵之具，钲鼓之教，亦诵二十二万言。凡臣固已诵四十四万言。又常服子路之言。臣朔年二十二，长九尺三寸，目若悬珠，齿若编贝，勇若孟贲，捷若庆忌，廉若鲍叔，信若尾生。若此，可以为天子大臣矣……

臣朔以为治世之道，不过有三，则是教也，利也，成也。以道德为丽，以仁义为准，使天下望风成俗，昭然化之，此为上策；以名利为饵，以金钱作张弛，推而广之，此为中策；以武力行道，以残暴做人，顺者昌，逆者亡，此为下策。秦、纣因暴虐而失天下，高祖因宏恩大降而得天下……

汉武帝越看东方朔的奏章，越发赞赏。他对身边的一位侍从说："这个人居然毫不掩饰地自吹自擂，看他这搞笑的文章，肯定是个吹牛的；不过，看他的治国思想，竟然有些道理，这肯定是一个非凡之人。"于是汉武帝下令召唤东方朔来京城就任官职。

建元元年（前140），汉武帝的召令传到了厌次城，整个城市一片热闹。人们在街头巷尾纷纷传颂着：东方朔将要成为朝廷里的高官了。一些方士也前来恭贺，称近日星宿明亮照耀，天鼓隆隆作响，槐树中弥漫着天子的祥气，这些迹象表明将有重要的官员出现在这片土地上……

四、奔赴京城

东方朔的家乡所在的平原郡厌次县，是在华北黄河冲积平原的东北部。从平原郡治（今山东省平原县南）向东走三四百里，就到了渤海边上。而从平原郡到当时的京师长安，其直线距离在1000公里以上，按照汉代"里"的长度来计算，则在3000里以上。当时的交通又极不方便，有钱人可以坐马拉的木制车子，一天可以走上百里；穷人只能走路，每天只能走三四十里。从平原郡到长安，3000多里的路程，东方朔整整走了三个月。这是他第一次出远门，他行走的路线，是顺着当时的官道穿越东郡（今河南省濮阳市）、陈留郡（今河南开封东南）、河南郡（今河南省洛阳市）、弘农郡（今河南省灵宝市）等，经过潼关进入到当时的京城长安，横穿了今天的山东、河南、陕西三个省。这条路线沿途既有一望无际的平原、烟波浩渺的大泽湖泊，又有崇山峻岭、铁门雄关，景物奇异，民风各殊，着实让东方朔开了眼界，增长了见识。

大汉帝国的都城长安位于今天的西安城西北部，未央区是长安的核心区域。长安是汉朝的都城，城墙高约十里，人口接近百万。禹贡雍州之地被视为天文井鬼之野。汉朝将长安及周边地区划分为三个府：中央是京兆府，象征着京都的吉兆，享有千年光辉；左边是冯翊府，有两匹天马扇动翅膀，仿佛仙境；右边是扶风府，宛如天堂降临，清风扑面而来。从这三个地名就可以窥见汉帝的雄心壮志。这三个府所在的土地收纳了八百里的肥沃秦川和丰富的水资源，无出其右。然而，真正展现威严的地方在皇家宫苑：未央宫富丽堂皇，建章宫门庭若市，甘泉宫美不胜收。

这些地方并非普通百姓可以进入的。平民百姓常常光顾的地方是长安城中最大的市场——东市。汉武帝刘彻登基后，东市变得更加繁荣热闹。除了常年售卖珍宝奇货的商贩外，还突然涌现出许多外地人，这些人中有的衣冠楚楚，有的衣衫褴褛，有的贫苦潦倒，有的气质高雅。尽管他们外貌各异、口音不同，但他们都急切地希望能够尽快见到刚登基就急需人才的皇帝。

建元元年（前140），汉武帝召见了东方朔。宫殿深幽壮丽，金碧辉煌，仿佛是人间的仙境。东方朔终于见到了他日思夜想的皇帝，尽管皇帝还年幼，比他小五六岁，却给人一种威严、华贵的感觉。皇帝言谈之间锋芒毕露，气度雄伟，机智过人，果断而开阔。然而，他也有些急躁和浮躁，喜欢大显身手，怀揣雄心壮志，随心所欲地行事。东方朔后来意识到，皇帝的这些优点固然

能带来国家的繁荣，但那些缺点也可能给国家和人民带来灾难。然而当时，他只是为能见到当今天子而感到兴奋，兴奋之余又有些忐忑不安。汉武帝可并没有管东方朔在想什么。自从看了东方朔的奏章之后，他便认定东方朔是个很好玩、很有意思的人物。当皇帝虽然可以作威作福，但毕竟太过严肃，事务也太过繁忙。再说臣子们好像都害怕自己，一个个都唯唯诺诺，卑躬屈膝，说讨好的话。如今来了个东方朔，这个人一定很有趣，不然怎么会写那样自吹自擂的文字？他从一开始便认定，东方朔是个滑稽的、善于调笑的人物，诙谐多端，滑稽多智。这种人只能当俳优一样供自己逗乐解闷，让自己开心，而不能任之以国家大事，这是东方朔一生悲剧之所在。这个悲剧从东方朔写给汉武帝的那封奏章便开始了。以后无论东方朔怎么努力去扭转，都无济于事。所以，汉武帝在召见了东方朔之后，让他到属卫尉管辖的公车令那里去报到，每个月发给他一袋粮食，二百四十个钱，至于任命，只有等待了。

汉武帝觉得东方朔很有意思，但见了东方朔之后，便将东方朔忘在脑后。除了日常国家事务的繁忙之外，汉武帝毕竟只有十六七岁，少年心性，见异思迁，根本不会将精力放在一个人身上。另外，在东方朔到来之前，汉武帝身边早已有了一些供他逗乐解闷的人物，不仅有数以百计的能歌善舞的美女歌伎，还有表演各种滑稽戏的俳人、侏儒，专门讲逗乐的话让人发笑的优人等。这些人物早在汉武帝之前几百年的春秋时期就有了，像春秋中期晋国宫里的优施、战国后期齐国的淳于髡和秦朝时的优旃等。

优旃生活在秦始皇时代，善于说笑话，但常用说笑话的方式劝说秦始皇干一些好事。一次，秦始皇在宫里摆设酒宴，赶上天下大雨，站在台阶前护卫的卫士们衣服都被淋湿、冻得瑟瑟发抖。优旃正好被秦始皇召入宫中，看到了卫士们的狼狈状况，非常同情他们，对他们说："你们想不想躲躲雨，休息休息？"卫士们说："要能这样就太好了。"优旃说："等一会儿我一喊你们，你们就马上答应。"过了一会儿，殿上参加酒宴的群臣向秦始皇上寿，高呼"万岁"，优旃连忙跑到大殿的栏杆边上对着卫士们大声喊道："卫士们！"卫士们一齐回答："有！"优旃说："你们虽然身材高大，又有什么好处？下这么大的雨，只能在雨里站着。我虽然身材矮小，却在这里躲雨享福。"秦始皇听了，知道优旃的用心，心下有些过意不去，便下令让卫士们分成两拨，轮番休息。

又有一次，秦始皇召集大臣们开会，讨论扩大皇帝专门用于打猎的苑囿之事，准备将苑囿向东扩展到函谷关（今河南省灵宝市北部），向西扩展到雍城（今陕西省宝鸡市凤翔区）和陈仓（今陕西省宝鸡市），东西广袤千里。优旃知道后对秦始皇说："好！这样做得好！在里面多放养一些禽兽动物，盗贼敌寇从东方攻来时，让苑中的鹿、麋等冲上去用角顶他们便可以了。"秦始皇一听，知道自己这样的举措不对，就终止了这件事。秦始皇死后，秦二世当了皇帝，准备下令将咸阳城用漆油漆一遍，优旃说："好。陛下即使不说，我也要请陛下这样做的。将城墙油漆一遍虽然劳民伤财，但将城墙油漆了是多么好哇！又漂亮又壮观，盗贼来了也爬不上。漆倒是好办，只是不够将城里所有的房屋都漆上一遍。"秦二世听了，笑着终止了这件事。像优旃这样的人物，因为他们干了利国利民的好事，所以在历史上有一点儿记载，那些没有被记载的还不知有多少。到汉武帝当皇帝的时候，皇宫里便有这样的人物在，他们当中最有名的是郭舍人，这个人便深得汉武帝的喜爱。

东方朔是过了很久才知道，自己原来根本就没有被汉武帝所重视的。自从见了汉武帝之后，他便奉令到公车令那里去报到了。当时在那里等待皇帝召见和任命的人还有很多，大家都在那里无所事事地等待着，谁也不知道哪一天才会有好运落到自己的头上。

第二章

初入仕途

一、待诏公车

汉武帝建元元年（前 140），东方朔 22 岁。"朔文辞不逊，高自称誉。上伟之，令待诏公车。"（《汉书》）"待诏公车"是一个闲置的职位，人员众多。那些没有合适职位安排的人都会被安排在公车处等候诏令，类似于没有编制的闲置人员。由于这个职位的闲置性质，薪水自然很低。每个月的待遇是"一囊粟"，即一口袋粮食，大约是一斛。在汉代，一斛相当于现在的 20 公斤，还有"钱二百四十"。那这些钱粮相当于哪个级别呢？汉代的官员工资制度采用了供给制和薪水制的结合。供给制是以供给粮食的多少来确定官职的高低，称为"秩"。最高级别的职位如丞相和大郡太守，官职秩为 2000 石以上，月俸为 12000 钱。最低级别的是县吏以下的亭长，官职秩在 100 石以下。然而即使是亭长，每月也有供给粮食四至五斛，相当于 160 至 200 斤，还有 800 至 1000 个铢的薪水。可以这样说，东方朔在"待诏公车"的职位上，每月所获得的钱粮仅相当于亭长的四分之一，几乎处于贫困线以下的生活水平。

同时，身处长安，作为待诏公车中的新人，离不开与他人交往，还需要找到途径和方法，所以要不时地去长安的繁华之地。尽管一袋粟米可以充实一顿饥饿的肚子，而240钱对于东方朔来说寥寥可数，因此他不得不四处借贷。官位的大小和职务的高低并不是最重要的，东方朔可以忍耐等待；然而，让一个九尺男儿四处借钱维持生活，确实让人感到相当窘迫。起初，东方朔并不了解情况，每天都去公车令府打听消息，但他等来的只是漫长的等待。他带来的钱早已用尽，每个月朝廷发放的那点粮食和钱勉强够他维持基本生活，东方朔因此陷入了困境。于是，他开始在宫内外寻找机会。作为一个身份卑微的士人，他知道找公车府令请求向皇帝报告是行不通的，只有采取新的策略，重新赢得汉武帝的重视。

二、恐吓侏儒

　　汉武帝登基后，尤其喜欢歌舞和游乐，并对侏儒十分宠爱。一天，东方朔来到未央宫门口，发现几个侍候在皇帝身边的侏儒从宫内走出来，显然他们受到了皇帝的表扬或奖赏，正高兴地离开宫殿返回家中。

　　这些侏儒身材只有三尺左右，矮小且身体发育异常，尽管如此，他们却能言善辩，举止灵活，和宫女站在一起，比例恰到好处，衬托得宫女的身材格外高挑，十分抢眼。当然，对于汉武帝来说，这些侏儒们是最好的陪衬，因此皇帝常常让他们陪伴在身边，逗乐娱心。根据《史记》的记载，东方朔身高约为九尺三寸，相当于现今两米一。这让东方朔这个"伟人"感到非常沮丧。更令他尴尬的是，尽管这些侏儒的身高只有他的三分之一，但他们的薪资却与待诏公车的特殊人才相同，每月同样只是"一囊粟，钱二百四十"。原来这些"待诏公车"成员，拿的竟然是侏儒们的薪水！

与东方朔一样待诏公车的徐乐，在他所献的奏章中直言不讳地表达了对汉武帝的批评。徐乐在奏章中痛斥汉武帝：

金石丝竹之声不绝于耳，帷帐之私、俳优侏儒之笑，不乏于前。

——《史记·平津侯主父列传》

然而，汉武帝对徐乐的直言不予反应，可能认为太皇太后干政，自己还没选定人才，太皇太后就处死了御史大夫赵绾和郎中令王臧。他或许想，如果不沉迷声色，不玩弄一些侏儒来放松自己，还剩下什么办法呢?

得知这个消息后，东方朔不能坐视不理，他决定找皇帝理论。然而，他面临两个难题。

首先，身为"待诏公车"的成员，如果皇帝没有传旨，他无法进宫。虽然表面上待诏公车的成员可能被视为"国士"，但在皇帝没有召见的情况下，他们无法发挥作用。这些被安排在朝廷特殊人才引进位置的人看起来像是社会精英，但他们既不在朝廷编制中，也无法通过任何途径与皇帝交流。除非能找到与皇帝对话的途径，否则即便是普通官员也不愿意搭理他们。东方朔面临着如何让皇帝在百忙中召见他，给自己一个发言机会的难题。

其次，东方朔要表达的是一批待命的特殊人才的待遇问题，但他自己身处其中。如果当面与皇帝直言此事，就等于公然向皇帝索要待遇，这可能损害他被称为"廉若鲍叔"的清高形象。如果招惹皇帝不快，可能会对他的前途产生不利影响。

东方朔有自己的办法：无法见到皇帝，就让皇帝主动召见他；其他人都担心讲述此事会带来负面影响，他却不顾一切，选择用侏儒来举例子。

东方朔站在宫门前，看着那些进进出出的侏儒，想出了一个好主意。在接下来的几天里，他用一切办法努力接近这些侏儒。

他幸运地认识了几个给汉武帝喂马的侏儒。双方稍微熟悉后，东方朔开始夸夸其谈，自吹自擂，说自己经常能见到皇帝，皇帝对他充满信任。看到他自信的样子，地位低下的侏儒们不禁相信了他，并开始讨好他，希望他能在皇帝面前说好话。东方朔暗自窃笑，过了几十天，他和这些侏儒已经非常熟悉。在时机成熟后，东方朔开始执行下一步计划。

有一天，东方朔再次来到侏儒们的住处，不同于往常笑脸相迎，他显得焦虑和忧心忡忡。侏儒们刚从宫中回来，已经劳累了一天，正在洗漱准备进餐。见到东方朔心事重重的模样，他们都很纳闷。东方朔突然叹了口气，热泪从脸颊上滑落下来。他忧心忡忡地说道："刚才我在宫中陪着皇帝聊天，皇帝说：'我身边的这些侏儒们实在没有什么用处。让他们去耕田种地，他们没有力气，比不上别人。让他们担任官职去治理地方、办理事务，他们那样子让百姓不服气，只能让人瞧不起。让他们参军作战，他们连刀都挥不动，更别说骑马出征了。这些人对国家毫无用处，只会浪费粮食布料。我想，不如将这些人都杀光，减轻天下人的负担。'我听到皇帝如此说，赶紧为你们辩护，但皇帝根本不听我说。我只能回来告诉你们，看看是否有什么办法能够避免这场灾难。"

侏儒们听后，惊恐万分，看着东方朔痛哭流涕，他们相信了他的话。他们因身体畸形而被当作玩物，一直受到歧视，内心十分自卑。突然听到如此消息，他们茫然无措。东方朔见时机成熟，胸有成竹地说："我有个办法，或许可以一试。你们每天在宫中等候，只要遇见皇帝经过，立刻上去跪拜，向皇帝请罪，或许皇帝会宽恕你们。如果皇帝问起原因，就说是我东方朔告诉你们的。"

接下来的几天，这些侏儒们一直生活在恐惧中。他们在宫中打听皇帝什么时候经过，以便立即跪拜请罪。终于有一天，汉武帝对御厩产生兴趣，想骑马出去打猎。他在侍卫和妃嫔的陪伴下，朝马厩走去。刚到门口，就听到一片哭号声。汉武帝伸头一看，发现几个侏儒跪在路边，一边哭泣，一边磕着头，头磕破了在青石板上留下了血迹，口中哽咽不清。

汉武帝皱起眉头，叫他们过来。看着几个侏儒满脸泪水，哭着求饶，请求汉武帝饶恕他们。汉武帝询问："谁说我要杀你们？"侏儒们泣声回答："是东方朔说的，东方朔说陛下认为我们对国家无益，要将我们全部杀掉。"汉武帝稍加思索，立刻意识到这是东方朔要心眼。汉武帝对侏儒们说："你们先别哭了，我从未说过要杀你们，去找东方朔。"

　　侍卫迅速传达命令，不久后，东方朔进入了房间。他早有心理准备，所以看到汉武帝愤怒的样子并没有感到惊慌，他上前向御辇跪倒，说道："臣东方朔拜见陛下。"汉武帝冷着脸问道："东方朔，你为何威胁那些侏儒呢？""陛下，"他平静地回答说，"微臣有些胆大包天，这些侏儒身材只有三尺高，朝廷每月给他们发放一袋粮食和240钱作为薪俸。而东方朔我身高超过九尺，每个月也只领取一袋粮食和240钱作为薪俸。侏儒们吃不完，都吃得快要撑死了，而我却几乎要饿死了。臣已经在长安几个月了，如果陛下认为我还是可用之材，就请陛下改变一下我的待遇，让我好过一些。而如果陛下认为我无法胜任，也请陛下早日说明，让我回家，不要让我白白浪费长安的粮食。"

　　东方朔这番说辞确实让汉武帝感到好笑和新奇。汉武帝随即说道："以后你不用待在公车令府了，去金马门待诏吧。"东方朔听了，非常高兴。金马门是长安城的城门之一，因门旁有一对铜马而得名。金马门是宦官的署门，和待诏公车相比，地位更高一级。尤其是金马门在宫中，可以经常和皇帝见面，有更多向皇上进谏的机会。通常被皇帝派遣在那里等待诏命的人，会被委以重任。所以，汉武帝让东方朔去金马门待诏，提升了他的地位，并给了他与自己亲近的机会。这自然让东方朔感到非常高兴，这正是他期望的事情。

自东方朔嘲弄侏儒之后，侏儒就从汉武帝身边消失了，在《史记》和《汉书》中也再无记载。这说明一个伟大君主的出现与不断纠正他行为、劝告他改正错误的人是有关系的。东方朔在很大程度上发挥了这种作用，但是他的劝告和规劝并不是直接反驳，而是通过温和且坚定的方式，逐渐使汉武帝接受他的观点，改善自己的行为。

三、待诏金马门

汉武帝建元二年（前139），东方朔23岁，借恐吓侏儒得见汉武帝，得待诏金马门。待诏金马门虽然仍是无职无权，却比较清闲，待遇也过得去，更重要的是能够经常见到皇帝，这让东方朔兴奋不已。东方朔认为，虽然皇帝陛下现在对自己还没有什么任命，但既然能经常见到皇帝，有机会让皇帝了解自己的才能，将来总有一天能出人头地的。所以他变得有耐心起来。见了汉武帝，便发挥他与生俱来的幽默滑稽本领，时而大发宏论，滔滔不绝；时而顽皮机智，诡变百出，着实让汉武帝开心了很多。然而，这次东方朔又错了。

汉武帝仍然把他当作一个弄臣，而从不把他当作一个可胜任国家大事的能臣。东方朔的幽默滑稽更加深了汉武帝的这一印象。在汉武帝当时所招揽的人才之中，闻名于后世的还有来自蜀郡（今四川省成都市）的司马相如，来自济南郡（今山东省济南市章丘区）的终军以及吴人庄助、朱买臣、枚皋和赵人吾丘寿王等。这些人都相当有文才，能言善辩，如枚皋和东方朔一样滑稽多智，经常写一些稀奇古怪的文章。汉武帝把这些人召集在自己的身边，经常让他们出来和朝中的大臣进行辩论。这几个人在朝廷之上都是振振有词，口若悬河，引经据典，左右逢源，经常把朝中的大臣们说得张口结舌，无言以对，汉武帝在一边看得心花怒放。像东方朔、枚皋等人，汉武帝本来就是将他们当作弄臣的。司马相如和庄助文章写得好，汉武帝因此而赏识他们，但也只是让他们点缀朝廷的门面，从不任以重职。终军后来自告奋勇出使南越，劝说南越王归顺朝廷，因南越丞相吕嘉兴兵而被杀害，年仅20余岁。

在待诏金马门以后的一段时间里，东方朔成了宫里的常客、汉武帝身边的宠臣。

四、深宫射覆

年轻的汉武帝在处理完国政的余暇中，经常把东方朔等人召到身边，让他们调笑逗乐，或做各种游戏，供自己解闷。当时他们经常玩的一种游戏是射覆，即用盆子把一些东西盖住，然后让人猜里面藏的是什么，猜中了有奖赐。汉代的时候，有好多术数家专门干预测风云灾变等事，这些人在宫里也很受欢迎，经常是汉武帝的座上客。因为汉代时科学还很不发达，这些人所研究的奇奇怪怪的术数常常使人感到惊异和神奇。东方朔在宫里便经常和这些术数家们打赌竞猜。

一次，汉武帝命人将三条守宫（即壁虎）放在一个盂内，让大家来猜。《汉书·东方朔传》颜师古注："守宫，虫名也。术家云以器养之，食以丹砂，满七斤，治万杵，以点女人体，终身不灭。若有房室之事，则灭矣。言可以防闲淫逸，故谓之守宫也。"汉武帝将守宫放好后让大家来猜，猜了半天谁也拿不准盂里到底盖的是什么东西，术数家们绞尽脑汁也没有结果。汉武帝便派人把东方朔找来，让他来猜。东方朔到后，先暗自估摸了一下，觉得盂里所盖藏的应该是皇宫里所使用的东西。既然大家都猜不中，那么一定是一种很特殊的东西，十有八九是女人用的，可能是守宫。于是，东方朔自我推荐说："臣尝受《易》，请射之。"然后用蓍草装模作样地卜了一卦，占断说："臣认为，盂里盖藏的是一条龙，但又没有角；说它是蛇，却又长有脚。跂跂脉脉善缘壁，是非守宫即蜥蜴。"汉武帝见他猜中了，大声赞道："好。"下令赏赐给东方朔布帛 10 匹。以后，射覆成了东方朔最擅长的事情，汉武帝经常让东方朔猜这猜那，东方朔有如神助一般，总能猜中，因此得了不少赏赐。

第三章

诙达多端

一、幸倡郭舍人

在东方朔出现之前，汉武帝的宫中有一位名叫郭舍人的滑稽专家，深受汉武帝的喜爱。与东方朔唯一的不同是，东方朔虽有滑稽才华却关心国家和百姓，而郭舍人只擅长谈笑而已。

当东方朔来到长安时，郭舍人已经待在宫中很久了。他看到东方朔逐渐受到汉武帝的宠信，心中不免嫉妒，一直想找机会诋毁东方朔。于是，郭舍人向汉武帝建议说："东方朔只是个狂人，碰巧猜对而已，没有真正的本领。请陛下让东方朔猜猜我准备的东西，如果他猜中了，我愿意受一百板子。如果他猜不中，我请求陛下给我赏赐布帛。"汉武帝同意了他的请求。郭舍人让人在树上采了一团寄生在树上的菌类，并将其盖在盂底下，然后让东方朔来猜。东方朔想了一会儿说："这是像卖东西的人戴在头上的簏薮一类的东西。"郭舍人听后说："我就知道东方朔猜不中。"东方朔补充道："生肉叫脍，干肉叫脯。放在树上叫寄生，盖在盂底下叫簏薮。"汉武帝见东方朔猜中了，命人将郭舍人打了一百板子，郭舍人疼痛不已。东方朔笑着对他说："咄！口无毛，声謷謷，尻益高！"意思是说他嘴上没有毛，叫起来声音尖细，屁股却越扬越高。郭舍人见到东方朔幸灾乐祸的样子，又羞愧又恼怒，对汉武帝说："皇上，东方朔侮辱我等，说太监嘴巴上没有毛；还说我的屁股肿得比山高，显然是对天子身边的从官进行辱骂、诋毁和欺负。根据大汉法律，应该处以弃市之罪！"

当时的大汉法律确实规定，无论你是什么身份，只要胆敢辱骂在皇帝身边的侍从官，就等于对皇帝大不敬，会被送往街市上当众斩首。汉武帝也不能随意修改大汉法律，他听后责问东方朔："你为何诋毁他？"东方朔笑着回答："陛下，臣岂敢随意辱骂随从，违反法律！我所说的三句话，实际上是隐语。"汉武帝听他说又是一段谜语，急忙问："什么隐语？说来与朕听听！"东方朔回答说："口无毛，指的是狗钻进钻出的洞；声警警，是指未出窝的小鸟在窝里等待哺乳的声音；屁股越扬越高，是指白鹤低着头去啄东西吃。"郭舍人听后感到不服气，说："我愿再用隐语考问东方朔，如果他回答不上来，也应该挨板子。"汉武帝答应了他。

郭舍人本来并没有准备好隐语，他纯粹是为了争口气。这时，他随意编了几句话，说："令壶龃，老柏涂，伊优亚，狋吽牙。这几句话是什么意思？"东方朔听后，毫不犹豫地回答说："令，是指命令。壶，是用来装东西的容器。龃，是指人的牙齿不齐。老，是指老年人，长者，是指人们所尊敬的人。柏，是指柏树，鬼神喜欢幽暗之处，柏树正是鬼神喜欢出没的地方。涂，是指道路越来越湿，越来越泥泞。伊优亚，是指想说话却还不知道说什么，嘴里乱嘟囔。狋吽牙，是指两只狗打架。这说明你还没有想好下一步的词，只好凑合用'狋吽牙'，好像你肚子里有狗在打架，声音从嘴里喷涌而出。"郭舍人又随意编造了一个"隐语"，要东方朔回答。不管他如何凭空捏造，东方朔都能应对如流，变幻莫测，滔滔不绝，没有穷尽。这让所有在场的人都大为惊讶。最后，连郭舍人自己也忘记了他刚才编的是什么话，而东方朔却引经据典，一一解释，不仅破解了字面意义，还揭示了郭舍人内心龌龊的一面。

一向以严谨著称的史学家班固，在《汉书·东方朔传》中以极逼真的方式记述了东方朔与郭舍人、汉武帝之间的对话，最后以十二个字作为结束语，形容了东方朔的才智：

应声辄对，变诈锋出，莫能穷者，左右大惊。

在过去，类似的事件常被视为滑稽甚至搞笑，不被认为高雅。然而现在，我们来考量，在汉武帝面前，那些构架森严的理论变得苍白无力，那些雄辩滔滔的言辞会被他视为无足轻重。与同时代的大儒董仲舒相比，东方朔多次向汉武帝献计献策，言辞华丽而夸张。然而不论他多么努力，最终他还是被汉武帝贬低，终身未得到重用。就像汲黯一样，他在汉武帝还是太子时担任过太子洗马，由于直言不讳，被贬到淮阳郡担任太守，无论他如何请求也未能回京。东方朔清楚地认识到这一点，他知道直谏的结果只有三种：轻则事与愿违，重则被赶出宫门，更严重的则会丧命。他深知汉武帝的聪明才智，因此善于应用自己的智慧，让汉武帝对他心悦诚服。

正是因为东方朔明白这一点，在戏弄郭舍人之后，汉武帝将他升为常侍郎，即时刻陪伴皇帝出入的亲信官员，地位比郭舍人还要高。这比待诏金马门地位又高出一等，俸禄也更加丰厚。更重要的是，作为侍郎，东方朔每天都能出现在皇帝身边，与汉武帝的关系也越发亲密。

与汉武帝日益亲近，汉武帝有可能逐渐改变对东方朔的看法，但事实并非如此。汉武帝虽然提升了东方朔的地位，却仍将他视为俳优，只想让他逗乐自己，从未考虑让东方朔担任重要职务。东方朔对此并不迟疑，虽然感到失望，却无可奈何。为了宣泄内心的矛盾和痛苦，他的言行举止变得越来越放肆和无忌，以至于周围人将他视为奇人。由于东方朔天生善于调笑和逗乐，他的行为越是放纵，就越深入人心。因此，关于东方朔的各种奇闻逸事的传说也随之产生并广泛流传。

二、归遗细君

汉武帝建元三年（前138），东方朔24岁。过三伏时，东方朔闹了一个笑话。三伏在古代是很重要的节日，连皇帝都要上心的。快要到三伏的时候，汉武帝下了一道诏令，凡是跟随、侍从皇帝的文武百官，每人赐猪肉10斤，并将这件事交给大官丞去办理。分肉的那天，文武官员们都早早地会聚在大官丞办公的地方，肉也早已堆放在那里，只等着大官丞来主持分赐了。可从早上到中午，人们在那里等了几个时辰，也没见大官丞的影子，谁也不知道他干什么去了。大官丞不来，谁也不敢去动那些肉；因为这是皇帝恩赐的，不能随便乱动。眼看日头都要偏西了，还未见大官丞的影子，东方朔忍耐不住了。他从人群中走了出来，走到肉摊跟前，拔出自己身上的佩剑便去割肉，边割肉边对同去的人说："过三伏日应当早点回去，大官丞不来，我们自己拿就行了。"他割下一块肉后，随即带着肉出宫回家了。东方朔走后，大官丞才来，一看已经有人动过那些肉，问后知道是东方朔，大为恼怒，认为东方朔是藐视自己，而且擅自动皇上赐分的肉，大为不敬，便将这件事上奏给汉武帝，请求武帝治东方朔的罪。第二天，东方朔入朝，汉武帝说："昨天赐肉，你不等我的诏命到来，就以剑割肉而去，这是为什么？"东方朔见汉武帝责问，连忙脱去帽子俯伏在地向汉武帝道歉。汉武帝说："先生，你起来做自我批评吧！"东方朔一听，朝上拜了两拜，说："接受赏赐不待诏命，是如何的无礼呀！拔剑割肉，是如何的勇壮啊！只割了一点儿肉，又是多么清廉哪！带肉回家给老婆细君，又是多么的心地仁慈呀！"汉武帝一听就笑了，说："让你做自我批评，你却自夸自赞。"随即又赏赐给东方朔 1 石酒、100 斤肉，让东方朔带回家去给他的妻子细君。大官丞没想到是这么个结果，只好作罢。

三、尽怀余肉

关于东方朔的滑稽多智的传说，在汉代就已经有很多了，其中大部分与事实不符。褚少孙是西汉末年的人物，为司马迁补写《史记》时，在《滑稽列传》中也补充了一些关于东方朔的传说。

以下是对他的言辞进行转述：

在汉武帝时期，东方朔是齐国人，他热衷于阅读古书，喜欢经学和算术，涉猎了许多儒家以外的奇书和秘笈。汉武帝颁下诏令任命东方朔为郎官，让他经常陪伴在身边，并经常召唤他到面前开怀谈笑。东方朔口才犀利，滑稽不断，每次都能让汉武帝开怀大笑，以至于汉武帝经常邀请他留在宫中共同进餐。与皇帝一同用餐是一种无上的荣耀，其他大臣偶尔也有这样的机会，都会倍感荣幸。然而，由于君臣礼仪的限制，大多数人都会克制自己。但东方朔却完全不同，他不仅敞开肚皮大快朵颐，吃完之后还会将桌上剩下的大鱼大肉塞进怀中，带回家里。《史记·东方朔传》中是这样记载的：

饭已，尽怀其余肉，持去，衣尽污。

东方朔一向以其不拘一格的行为著称，褚少孙等儒者认为这件事不仅展现了他怪异、独特的举止，同时也意味着汉武帝对他的纵容。

从这个事件可以推断，东方朔的家中可能有一位不喜欢做饭的女性，至少东方朔不愿让她频繁下厨，免得自己浑身油烟味。

东方朔过着非常节俭的生活，对浪费非常厌恶。因此可以称他为中国历史上第一个能在盛宴之后"打包回家"的人。东方朔在汉武帝面前毫不讲究面子，非常放松，想做什么就做什么，毫无掩饰之意。

通过这个行为，东方朔间接地对汉武帝进行谏言：他暗示皇上的生活过于奢侈，大鱼大肉吃不完就扔掉，何等可惜！好好的东西被浪费掉，简直是暴殄天物！他宁愿吃皇帝剩余的食物，也不让其白白浪费。

从这个故事可以看出，东方朔与一般臣子不同，在汉武帝面前并不唯唯诺诺，不害怕踩雷。相反，他率性而为，毫无顾忌。他活得潇洒、自在，毫不在乎皇帝的威仪和自己的个人面子。

四、取妇一岁

东方朔的行为举止与当时大多数人的观念不合。在褚少孙所补写的《史记·东方朔传》中，还记载着东方朔更为离奇的一桩事件：

数赐缣帛，檐揭而去。徒用所赐钱帛，取少妇于长安中好女。率取妇一岁所者即弃去，更取妇。所赐钱财，尽索之于女子。

褚少孙用了"取少妇于长安中好女"的词语来描述东方朔和女性的关系。这里的"取"并非指娶妻，而是选择或挑选的意思。与其他《史记》中描述男子娶妻的用词不同，褚少孙用了"取"而不是"娶"。这说明东方朔带回家的女性，并非豆蔻年华的少女，而是注重才貌兼备、德艺双馨的女性。和这些女性的关系也并非婚姻关系，也不是正式的纳妾，每相处满一年，就与对应的女子结束关系。最后，东方朔把皇帝所赏赐的钱财，全额转赠给将要分手的女子。这种行为进一步突显了他的怪异之处。

为什么东方朔要这样做呢？原因很简单，他在入朝时已经22岁，并在平原老家已经有了妻室。在当时的社会，16岁左右的男子通常会娶妻，十七八岁就会生下子女，这是很普遍的现象。根据历史记载，东方朔在40多岁时，他的儿子已成为官员，担任侍卫皇帝的郎官，并且经常受命出使外国。这表明在东方朔担任常侍郎期间，他不仅有着贤淑的妻子，还有了子女。东方朔之所以不愿意正式纳妾，一方面是因为他非常关心他的原配妻子和远在平原的儿女，不愿分心；另一方面，正式纳妾会破坏他与原配妻子之间的感情，引发许多纷争。

　　有一次，东方朔经过皇宫前殿时，一位郎官对他说："人们都说您是个狂人。"东方朔听后笑着回答说："像我这样的人在朝廷中是为了躲避乱世。古人追求遁入深山老林隐居，但他们无法与我相比。"东方朔喜欢饮酒，醉后会唱歌和胡言乱语。有一次，他喝醉后坐在地上唱了一首歌，歌词中说："陆地上没有水，但我却已经沉浸其中，藏身于金马门。在这辉煌的宫殿中，我能够远离纷扰，为何非要去深山之中的茅草屋下遁世。"

　　因此，东方朔将从汉武帝那里得到的财物全部花光，汉武帝身边的侍郎和大臣们称他为"狂人"。当汉武帝得知此事后，他对这些人说："如果东方朔没有这些特点，他又何异于你们呢？"

第四章

正谏似直

一、谏起上林苑疏

建元元年（前140）和建元二年（前139），十六七岁的汉武帝刚刚登上皇帝宝座，对治理天下、招揽人才很感兴趣，因而，几乎每天都忙于这方面的事务而很少去想别的事情。在这短短的两年中，汉武帝确实干了一些事情。首先是招揽了一大批精明强干的人才，其中有著名学者董仲舒、赵绾、王臧，著名文学家司马相如、庄助、枚乘、朱买臣，著名的军事将领卫青等，还有吾丘寿王和东方朔以及后来长期任丞相的公孙弘。此时的汉武帝招揽人才，又任用儒生让他们讨论改革汉朝的服色制度、建明堂、巡狩和改革历法等国家大事，又派兵出攻闽越。赵绾曾经向汉武帝推荐自己的老师济南人申公，汉武帝派使者以重礼将年已80多岁的申公请到长安，向申公请教如何治理天下。申公是个儒生，性情淳直，不会猜度武帝的心意，回答说："治理天下不在多发政令，什么都干，而在于量力而行。"汉武帝这时对发号施令和延揽文人才子兴趣正浓，听了申公的话，感到很不对脾气，默不作声。但因为已经召来了，便给了申公一个虚衔，再也不理申公。可这时，汉武帝遇到了一个最大的障碍，就是他的祖母窦太皇太后。

汉朝初年的时候，国家由于经历了秦朝末年的农民起义和随之而来的楚汉战争，八年的大动乱，国民经济被严重破坏，国家穷困，民不聊生。汉高祖刘邦和惠帝、高后、文帝、景帝等，在治国的总策略上借用了"黄老学派""无为而治"的哲学思想作为指导方针，任其自然，朝廷不对国民经济和百姓过多地干预，不兴兵打仗，以使百姓休养生息。到汉武帝即位的时候，这个政策已推行了70多年，取得了很大的成就。国家政权已相当稳固，朝廷积累了数不清的财富，百姓生活也日趋安定富裕，人口大为增加。司马迁在《史记》里描述汉武帝即位之初的情形说："从汉初到此时的七十多年间，国家无事。若不是遇到水旱之灾，老百姓们便家给人足。京城长安国库里的钱以亿计算，由于堆着多年不用，以致串钱的绳子都沤烂了。太仓中的粮食一年一年地堆积增加，仓房里堆不下就堆放在露天，许多粮食都腐败而不可食了。稍微富裕点的百姓家里都养有马，街巷之间则可以成群成群地看到。因为富裕，从中央到地方都争相侈靡，到处都是富裕安乐的景象。"国家这样富裕，正好给雄才大略的汉武帝施展才能、开边拓地打下了基础。但汉武帝刚登基的时候，窦太皇太后还在世，这个老太太受汉文帝的影响，喜欢"黄老之学"，认为清静无为是治理天下的最好方针。而当时的儒家学者们偏偏喜欢多事，今天要易服色，明天要改正朔，后天又要封禅，搅得上下不安，沸沸扬扬，因此窦太后就有些讨厌儒生。前面提到的王臧，当汉景帝在世的时候，就曾劝汉景帝按照儒家学者规划的那一套行事，窦太后知道后十分恼怒，下诏给了王臧一把尖刀，让王臧跳到野猪笼里去和野猪搏斗，想让野猪把王臧给吃了。幸亏汉景帝暗中相助，给王臧选了一把最好的刀子，而王臧在和野猪搏斗的时候恰好一刀刺中了野猪的心脏，才捡了一条性命。到汉武帝时，王臧又被重用，和赵绾二人一起劝汉武帝以后遇事不要再向窦太后禀报。可窦太后此时正担心自己的孙子小小年纪当了皇帝会被身边不三不四的人教坏了，因此，十分注意汉武帝的一举一动。汉武帝即位后，重用提拔董仲舒等儒生，窦太后就有些不满，这时听说王臧和赵绾二人这样为汉武帝出坏主意，她勃然大怒，暗中派人查出了王臧、赵绾二人做的犯法的事，并以此斥责汉武帝。汉武帝顶撞不过祖母，只好暂停所有儒生提议的项目，并将王臧、赵绾二人关进监狱，二人在监狱中自杀。窦太后还不放心，又逼汉武帝罢免了丞相窦婴和太尉田蚡，申公也被赶回了老家。

经过窦太后这一番折腾，汉武帝一时灰了心，不大想管国家大事了。可是他还太年轻，至建元三年（前138），他才只有18岁，身上有太多的精力无处发泄，便只好把注意力暂时转移到别的方面。

　　既然在国家大政上不能称心如意，汉武帝便开始打猎、游玩。可是身为皇帝，是不能随随便便出宫的。如果正式出宫，皇帝身边总要跟着一大群仪仗和随从，更不方便，还不如不出去。唯一的办法是化装成平民百姓，身边只带几个侍卫，谁也认不出他是当今的皇帝。皇帝的这种行为，当时叫"微行"。汉武帝出皇宫之后游玩的范围很广，向北到池阳县（今陕西省泾阳县），向西到行宫黄山宫（今陕西省兴平市），向南打猎到长杨宫（今陕西周至县东南），向东游玩到宜春苑（今陕西省西安市附近）。这个范围方圆有四五百里。汉武帝外出微行游玩的时间一般在宫中举行过了饮酎之礼（祭祀宗庙）以后。八月或者九月，汉武帝在外出之前，先从在宫中服役的侍中、中常侍（宦官）、武骑（骑兵）和从陇西、北地二郡（今甘肃省中部和陕西省北部等地）以及在宫中当卫士的侍卫亲军中，挑选出一些体格强壮、善于骑马射箭的人作为贴身随从，让他们先换好服装，在宫殿的门口等候，然后一起出发。这些贴身侍卫后来发展成一支专门的军队，叫"期门"军，是汉代京师侍卫军中最有名的一支。"期"是等待的意思，汉武帝一般是在夜漏十刻左右率随从们从皇宫里出来，怕别人认出来，就自称是平阳侯（平阳侯是汉武帝的姐夫曹寿）。等天明的时候，他们已骑着马到了长安城南的南山（秦岭）脚下，在这里射猎鹿、野猪、狐狸、兔子等。汉武帝还亲自持刀和黑熊搏斗。当时关中地区人烟稀少，野兽很多，尤其是靠近秦岭的南山脚下，这自然满足了年轻的汉武帝勇武、好动的要求。他们经常为追一只兔子或别的野兽，在百姓的庄稼地里骑马纵横驰骋，无所顾忌，使成块的庄稼被毁坏。百姓们不知道这些人的身份，都对着他们号叫怒骂，并告到当地县令那里，县令带着人前去制止，一问说是平阳侯。县令信以为真，要去拜见，汉武帝不愿见，身边的侍卫们仗势欺人，想用马鞭抽县令，县令不知底细，大为愤怒，派人上去抓捕他们，汉武帝的几个侍卫被当场捆住，迫不得已，出示了皇宫使用的物品，县令还不相信，过了很久，才释放了他们。开始时，汉武帝是晚上出去，第二天黄昏时返回。后来嫌这样不过瘾，干脆带上五天的食物，到外面玩上五天，再到窦太皇太后住的长信宫朝见一次，以示自己没有远出。这之后不久，南山下的百姓们才逐渐知道当今天子经常微服出行。

由于太皇太后在，汉武帝并不敢远离太皇太后的身边。然而，有一次汉武帝带着随从向东游猎，来到了弘农郡柏谷地区（今河南省灵宝市）。天色已晚，他们在一间客栈休息，想要喝些水。然而，男主人并不认识他们，并有些不耐烦地回答说没有水，并怀疑汉武帝一行人是盗贼。客栈的男主人去找了几个年轻人，准备对付汉武帝一行人。客栈的女主人对汉武帝等人出色的外貌和举止感到惊奇，她阻止了丈夫的行动，说："这些客人不是普通人，而且看起来有所准备，请不要闹事。"然而，男主人并不听从，女主人为了阻止他的行动，便用酒把他灌醉，然后将他绑起来。男主人带来的年轻人纷纷散去。女主人又杀了几只鸡来款待汉武帝一行人。第二天，汉武帝动身回长安，将这个女主人召来，赐给她黄金千斤，又拜她的丈夫为羽林郎。

汉武帝微行出游虽然很愉快，但到外面去没有歇脚的地方，有些不方便。丞相和御史知道汉武帝的心思，便派右辅都尉带人巡视长杨宫以东，清理闲杂人等以保证汉武帝等人的安全，让右内史派百姓在汉武帝将要歇脚的地方等候。汉武帝为了方便，又调了一些皇宫里的人到这些地方候命。于是，宣曲宫以南共设了12个休息之所，汉武帝白天玩的时候在这些地方更衣歇脚，晚上便住在各处的行宫里，最常住的是五柞、信阳、宣曲等行宫。饶是如此，汉武帝还不满意，觉得这样出去路又远，人又辛苦，百姓们还要被搅扰，所以便派太中大夫吾丘寿王，对阿城宫以南、周至以东、宜春以西、南到南山的一大块地方统一测算，算出它的亩数和地价，准备将这块地区开辟为上林苑，又派人丈量长安城以北、以东、以西的未开垦的草田，准备将上林苑规划区中的百姓迁出。吾丘寿王等人干得十分带劲，汉武帝十分赞赏。可东方朔却坚决反对。他觉得这是一件损害百姓，不利国家的事，身为皇帝的汉武帝不应该去做。因此，汉武帝建元三年（前138），他写了一份奏疏《谏起上林苑疏》，来劝阻汉武帝建上林苑。

他这样说，人间的君主谦逊、守静、谨慎，上天对此的报应是应之以福；君主如果骄傲、过分、奢靡、豪华，上天对此的报应是应之以灾异。如今，陛下大兴土木，修建宫殿台廊，而唯恐其不高不大，供陛下打猎游憩之所而唯恐其不宽不广。如果上天不降下灾变，则三辅之地（指都城长安周围的京兆尹、左冯翊、右扶风三郡所辖之地，其范围约包括今陕西省中部关中盆地的全部地区）可以全部划成供陛下打猎游憩的园囿，何必只划出周至、鄠县和杜县呢？如果奢侈而没有节制，上天震怒，降下灾变，陛下所想建立的上林苑虽然小，为臣尚且认为它太大了。据《资治通鉴》记载：

时东方朔在傍，进谏曰："夫南山，天下之阻也。汉兴，去三河之地，止霸、浐以西，都泾、渭之南，此所谓天下陆海之地，秦之所以虏西戎、兼山东者也。其山出玉、石、金、银、铜、铁、良材，百工所取给，万民所卬足也。又有秔、稻、梨、

栗、桑、麻、竹、箭之饶，土宜姜、芋，水多蛙、鱼，贫者得以
人给家足，无饥寒之忧；故酆、镐之间，号为土膏，其贾亩一
金。今规以为苑，绝陂池水泽之利而取民膏腴之地，上乏国家之
用，下夺农桑之业，是其不可一也。

"盛荆、棘之林，广狐、菟之苑，大虎、狼之虚，坏人冢墓，
发人室庐，令幼弱怀土而思，耆老泣涕而悲，是其不可二也。斥
而营之，垣而围之，骑驰东西，车鹜南北，有深沟大渠。夫一日
之乐，不足以危无隄之舆，是其不可三也。夫殷作九市之宫而诸
侯畔，灵王起章华之台而楚民散，秦兴阿房之殿而天下乱。粪土
愚臣，逆盛意，罪当万死！"上乃拜朔为太中大夫、给事中，赐
黄金百斤。然遂起上林苑，如寿王所奏。

东方朔向汉武帝递交上书，劝诚他说："终南山是国家的自
然屏障。汉朝建国时选择了离开三河地区，在霸水和浐水之西，
泾河和渭河之南建都，这是一片像大海般富饶的陆地，秦王朝依
靠这片土地征服了西戎，并统一了崤山以东的地区。这片土地
山中产出玉石、金银铜铁等丰富的矿物资源，各种手工业以这些
资源为原料，百姓依靠这些维持生计。它还盛产粳稻、梨、栗、
桑、麻、竹箭等物品，土壤适宜种植姜和芋头，水中有大量青

蛙和鱼类，贫困的人们可以过上富足的生活，不用担心饥寒。因此，鄠水与镐水之间被称为肥沃之地，每亩土地价值一斤黄金。然而现在，这片土地被划为上林苑，剥夺了池沼湖泽的财富来源，夺走了百姓的肥沃土地，上方减少了国家财政收入，下方破坏了农桑生产，这是不应该这样做的第一个理由。"

东方朔继续对汉武帝说："过多的荆棘蔓延，扩大了狐狸、野兔、虎、狼的活动范围，破坏了百姓的坟墓，拆毁了百姓的房屋，使幼童怀念家园而忧伤，老人悲伤痛哭，这是不应该这样做的第二个理由。兴建上林苑，周围筑墙作为禁苑，让人骑马东西奔驰，驾车南北追逐，其中存在着深沟大河。为了追求一天的狩猎乐趣，不值得尊贵无比的天子去冒险，这是不应该这样做的第三个理由。古代商纣王修建内有九个市场的宫殿导致诸侯叛乱，楚国灵王修筑章华台导致百姓四散逃亡，秦始皇修造阿房宫导致天下大乱。作为臣子，我以渺小的身躯，为了性命而写这封上书，反对陛下的意愿，罪该万死。"

然而，东方朔并不知道，虽然汉武帝看过他的奏章，却并没有深思熟虑。汉武帝在实际行动中仍然按照吾丘寿王所建议的，兴建了上林苑。

当时，东方朔再次上奏汉武帝，谈及《泰阶六符》一事。他表达了自己的愿望，希望向陛下陈述《泰阶六符》，用以观察天象变化，陛下应该认真思考。所谓《泰阶六符》，是当时方士们编写的一本通过观察天象来预测人间吉凶的书籍，带有浓厚的迷信色彩。其中的"泰阶"指的是北斗星附近的三台星，共有上台、中台、下台六颗星，两两相对，因此也被称为"泰阶"。古人认为这些星星代表了天上的三级台阶，上阶象征天子，中阶象征诸侯公卿大夫，下阶象征普通百姓。如果三阶星排列整齐平衡，则阴阳和谐，风雨按时而至，社稷国家和神灵都各安其位，人民享受幸福，天下太平安宁。但如果三阶星之间错乱不齐，则表示人间鬼神缺乏供养，天上将发生日食，地下将出现洪水，农作物歉收，冬天会雷电交加，夏天会出现霜冻，百姓将无法安居乐业，整个国家将陷入混乱。如果当权的天子施行残暴的政策，好战兴兵，大力修建宫殿，扩展园林，那么上阶之星就会发生错位。东方朔认为汉武帝的所作所为正符合这种错位的现象，因此特意上奏《泰阶六符》，警告汉武帝，并希望他改变初衷。事实上，汉武帝并不害怕东方朔所提到的后果。尽管东方朔的谏言没有起到太大的作用，但他并没有因此改变自己的初衷，仍然按照自己的信仰和责任尽职。汉武帝为了鼓励臣子敢于进谏，下诏任命东方朔为太中大夫，给予1000石的俸禄，并授予给事中的官衔，并赏赐他黄金百斤。

二、太中大夫

汉武帝任命东方朔为"太中大夫"，那是一个非常崇高的官职。在秦汉时期，大夫是朝廷中的谏议官。加上"中"字成为"中大夫"，表示在大夫中的较高地位。司马迁担任太史令这一职务，官位是中大夫，享有 600 石的俸禄，负责记录本朝的历史事实。再加上"太"字，形成了"太中大夫"，意味着比"大"还要高。可以理解为汉初大夫中的最高职位，俸禄高达 1000 石，位列于三公和九卿之下。根据《史记》的记载，汉武帝时期的赵禹，从丞相长史升至御史，然后成为太中大夫；而汉景帝在太子时的周仁，先是太子舍人，后来成为太中大夫，之后又担任郎中令一职。可见太中大夫这个官职与副丞相相差仅一级。

在汉武帝时期，以宰相为首的执政机构通常被称为"外朝"，而辅助制定文书诰命并协助决策的待诏和侍中，也就是后来的翰林机构，被称为"内朝"。这种内朝体制就是演化自汉武帝时代的内朝。汉武帝一开始登基时，积极推行朝政改革，但受到太皇太后的限制，最终功亏一篑。虽然汉武帝表面上变得温顺，但他暗地里仍在筹划自己的新政。由于丞相许昌、庄青翟等人都是窦太后的亲信，而太尉田蚡又是王太后的弟弟，因此汉武帝将原有的宰相府和太尉府等朝廷机构视为"外朝"，并另外组建了一个被称为"中朝"的"内朝"。该内朝由文官太中大夫（如东方朔、吾丘寿王、朱买臣、终军）和武将（如卫青、公孙敖等侍卫）共同构成。到了三国时期，文官被分离出来形成了外台和内阁，而皇帝身边的秘书阁则被称为内阁（《三国志·魏书》卷十三："兰台为外台，秘书为内阁"）；唐宋时期，最高的官职由翰林学士出任，被称为"内相"，这一官职的起源可以追溯到汉武帝时的内朝制度。直到明朝，执政大臣由内阁的翰林院大学士兼任，这时"宰相"和"内阁首辅大臣"才合二为一。内朝的设立是中国官制史上的一次重要改革，由谏议、参事、顾问组成。

在汉武帝时期，东方朔除了被任命为太中大夫外，还附加了另一个官职，即"给事中"。给事中是一个加官，意味着拥有实际职权，负责执行任务。据司马迁所述，吕后时期，陈平担任右丞相，吕后的亲信审食其则成为左丞相，左丞相并不处理具体事务，而是交给给事中处理。在汉武帝时代，给事中成为内朝的总管，而给事中的副手则被称为侍中。在整个汉武帝时期，只有两个人担任过给事中职务，分别是东方朔和终军。然而，终军的官职只是"谒者"，远不如东方朔的太中大夫地位高。同时，在内朝担任第二等职务，即侍中的有卫青、霍光和金日磾等人。卫青是大汉打败匈奴的主帅和第一功臣，霍光和金日磾则是汉武帝临终时托孤的重要大臣。由此可见，东方朔在"中朝"的地位远高于卫青、霍光和金日磾等重要人物。皇帝身边的侍臣分为文、武两类，卫青、金日磾等人担任给事中，作为武将身份主管皇帝的事务；东方朔虽擅长击剑，并得到了特许可以佩剑上朝，但主要负责起草诏命和政令。因此，后世常将东方朔视为翰林学士的前身。例如，诗人李白希望成为唐玄宗的供奉翰林，就是希望自己能够像东方朔一样担任那一职位。

到了中唐时期，李肇写了一篇《翰林志序》，把东方朔等人视作翰林界的前辈（见《全唐文》卷七百二十一）；到了清朝乾隆、嘉庆时期，翰林学士宴集的时候，更是毫不避讳地说："以东方朔为翰林前辈。"（见吴庆坻《蕉廊脞录》卷一、郭则沄《十朝诗乘》卷十四）

东方朔身为太中大夫兼给事中，关于他在汉武帝的"内朝"中的具体贡献和政治观点，由于历史资料记载有限，我们很难得到确切的了解。然而，通过仔细分析，可以找到一些原因来解释资料的匮乏。

首先，所谓的"内朝"是一个对外不能公开的机构。内朝成员所制定的政策不能以个人名义公之于众，只能根据皇上的旨意进行实施。因此，他们往往默默无闻地工作，扮演无名英雄的角色。其次，东方朔本人具有滑稽的性格和不拘小节的特点，他做事风格与众不同。因此，他的建树常常被他的滑稽形象所掩盖。人们在提及东方朔时，要么赞美他是滑稽之雄、相声鼻祖，要么称他为神仙。明代名臣方孝孺对他的正直之士的品质深为赞叹：

> 东方朔在武帝时，谏诤似汲黯，文辞似司马相如，肆志轻世，旷然有麾斥八极之意，去公孙弘辈甚远——特以好为诙谐无实之谈故，为君子所薄。
>
> ——《方孝孺集·卷十八》

再者，对东方朔的研究至今仍然有限。除了他滑稽的一面，人们很少深入研究他的其他方面。他在当时被视为圣人、神仙，被写入《列仙传》中，并与老子、张良、赤松子等一起列为七十仙人之一。因此，他在后来更多地以太岁、太白金星的身份出现在李白、杜甫、苏东坡等名家的诗文中，或者以桃仙子的形象出现在唐伯虎等画家的作品中。此外，东方朔不仅喜欢戏弄侏儒，还喜欢开玩笑、调侃大儒，他曾经把董仲舒的学生公孙弘弄得哭笑不得。这些原因都会导致后世儒家对他持有敬而远之的态度。

汉武帝建元四年至建元六年期间（前137—前135），东方朔25到27岁，任太中大夫，这个职位是东方朔一生中担任的最高官职。后来，他因酒醉遗尿于殿中而被降为庶人，在宦者署待诏。后东方朔又被任命为中郎，虽然他复任为汉武帝的中郎，享受600石的俸禄，但他并没有实际的职责，只需在朝廷上执戟和站班。班固在《汉书·东方朔传》中对此深感惋惜：

武帝既招英俊，程其器能，用之如不及。时方外事胡、越，内兴制度，国家多事，自公孙弘以下至司马迁，皆奉使方外，或为郡国守、相至公卿，而朔尝至太中大夫，后常为郎，与枚皋、郭舍人俱在左右，诙啁而已。

东方朔在被贬谪后并没有恢复到原来的地位。当时人们认为，东方朔遭贬谪后的身份与枚皋、郭舍人等人一样，就像是汉武帝身边的一位"俳优"，用幽默诙谐的言辞来调侃取笑，供汉武帝取乐而已。班固本人曾经表达过类似的观点：

朔、皋不根持论，上颇俳优畜之。

——《汉书·严朱吾丘主父徐严终王贾传》

在班固撰写的《公孙弘传》的结尾部分，他对汉武帝时期的众多人才倍加赞叹，从数量众多的人才中找出东方朔、枚皋这两位，称他们为汉武帝一朝的"滑稽"之士。然而，"颇"字有"好似"的含义，这表明了班固对东方朔的真实地位尚难以准确把握，即使在这篇传记的结尾处，他依然对汉武帝对东方朔的真实看法难以推测，因此他才运用这种带有歧义的"颇"字，来表述对东方朔的评价。

三、讥讽相如

在汉景帝年间（前156—前141），司马相如作为梁孝王的宾客，与邹阳、枚乘、庄忌等辞赋家结识，后来因病退职后前往梁地与这些志同道合的文士共事。此时，他创作了著名的《子虚赋》，该作品以道家思想为指向，主题在于表达虚静为君的重要性。然而，汉景帝并不欣赏辞赋，因此司马相如的作品并未得到他的赏识。汉景帝去世后，汉武帝继位，偶然读到《子虚赋》，误以为是古人之作，感叹自己未能与作者同时代。当时掌管天子猎犬的杨得意是蜀人，他向汉武帝介绍了《子虚赋》是司马相如的作品。汉武帝惊喜之下立即召司马相如进京。司马相如向汉武帝请求，《子虚赋》只是描写诸侯王的打猎之事，再作一篇关于天子打猎的赋，这就是与《子虚赋》内容相衔接的《上林赋》。

司马相如完成《上林赋》之时，诚挚邀请了东方朔进行审阅和指导。司马相如满怀敬意地说：“相如一直不敢随意地挥毫泼墨，最近才倾尽心力地完成了《上林赋》这篇佳作。在此，相如诚恳地请求东方大人您给予我宝贵的意见，让我有机会去修正自己的不足之处，然后将这篇优美的文章献给尊敬的皇上！”

东方朔感慨地回答道：“司马大人，您在文学创作上所表现出的才华确实让人叹为观止，《上林赋》这篇华美的篇章，无论是在文辞的描绘还是意境的营造上，都达到了令人叹为观止的境地。然而，如果要从情怀的深度和广度来评价，我认为《上林赋》虽然精美绝伦，但在情感表达和人性挖掘上，并不一定比《子虚赋》更胜一筹。”司马相如听到后，有些震惊地说道：“请明示。”东方朔毫不在乎司马相如是否愿意听，继续发表他的观点：“司马大人，当您写作《子虚赋》时，正处于贫困潦倒之中，寄居他人之所，作品中透露出了许多忧愤不平之情。至于《上林赋》，则是在锦衣玉食的长安写成的，虽然华美卓越，但内涵却显得不够丰富。不知大人对此有何看法？”随后，东方朔高声说道："您的《上林赋》刻意渲染，几乎将天上地下所有壮丽华丽的景色都纳入其中。请问：皇上的上林苑真的有如此豪华吗？"司马相如有些犹豫地回答："辞赋是辞赋，上林是上林，两者虚实不同，不可能完全一致。"东方朔接着说道："可是，司马大人，假如皇上阅读了您的《上林赋》，在欣喜之余，下令按照您的所写规模和气派重新修建上林苑，那会发生什么呢？"司马相如吃了一惊，说道："东方大人，这是不可能的！"东方朔表情沉重地说道："司马大人，我们不能让辞赋导致国家面临困境啊！"他一边说着，一边告辞离开。东方朔边送边说："如果能够避免这种情况，那将是天下的幸事，也是你我共同的幸事！"

十多天后，早朝的时候，众大臣齐聚承明殿，等候皇帝的到来。东方朔稍稍迟到了一些，在人群中看到了司马相如，司马相如手持一卷竹简。东方朔兴奋地说道："司马大人，您的文章已经修改好了吗？我要为您庆贺！"司马相如走上前去，展开竹简："我已经按照您的建议进行了修改，并加入一些讽谏皇上不要大兴土木的内容。请您看看！"东方朔迅速地浏览了一遍竹简，点了点头："果然加入了一段。不过，您之前写了无数句，之后只提醒了一两句，比例有些失衡啊！"司马相如听到东方朔在众人面前批评他的文章，心中感到不快。实际上，他从东方朔家中回来时就有些不满。他对卓文君说，东方朔写不出好文章，总是喜欢挑剔。卓文君询问细节后，觉得东方朔的话有道理，建议司马相如认真修改几天后再请东方朔看看。然而，司马相如并不认同，只是在辞赋的结尾加上了几句讽谏皇上不要大兴土木的话，就急于呈递给皇帝。

此刻司马相如听到东方朔的批评，有些生气地说道："东方大人，莫非您以为只有小人才写得出词赋？为何不亲自写一篇讽谏皇上的作品呢？"东方朔挥手说道："东方朔宁愿成为平凡之人，也不愿成为历史上的罪人！"

司马相如气得瞪圆了眼睛："你……"话还未说完，汉武帝驾临！司马相如上前几步跪倒："臣司马相如，蒙皇上恩典，赐居长安。现特献上一篇名为《上林赋》的赋文，请皇上御览！"

汉武帝见司马相如终于献上了新的赋文，非常高兴："好！朕早就等不及了！司马卿，你终于完成了你的赋文。快呈上来，让朕看看！"汉武帝接过竹简，认真地阅读，越看越高兴，不禁拍案大声喊道："好！"他目光迅速地在竹简上扫过，一边看一边朗读出来：

左苍梧，右西极，丹水更其南，紫渊径其北，终始灞浐，出入泾渭。酆镐潦潏，纡余委蛇，经营乎其内。荡荡乎八川分流，相背而异态。东西南北，驰骛往来，出乎椒丘之阙，行乎洲淤之浦，经乎桂林之中，过乎泱漭之野。汨乎混流，顺阿而下，赴隘狭之口，触穹石，激堆埼，沸乎暴怒，汹涌澎湃。

……

于是乎游戏懈怠，置酒乎颢天之台，张乐乎镠辐之宇。撞千石之钟，立万石之虡，建翠华之旗，树灵鼍之鼓，奏陶唐氏之舞，听葛天氏之歌。千人喝，万人和，山陵为之震动，川谷为之荡波。

"好！好！朕早就准备好金钱和物资，想要扩建上林苑，可惜没有人来设计。司马爱卿，你的《上林赋》恰好为朕构思了华丽的蓝图。你真是天下才子啊！"

司马相如既高兴又惊讶，跪倒在地，说道："启禀陛下，请您继续阅读，臣还有后文呢！"

汉武帝满意地说："已经足够了，够了。有了这样的上林苑，我也将成为天下的霸主了，不能过于奢侈！下面的内容朕不读了。司马相如，我封你为建章宫大学士兼上林文学馆馆长，负责监督上林苑的建造！"

司马相如由喜悦转为惶恐，他恳求道："陛下，臣还有后文——"汉武帝再次打断他："够了，剩下的几句，朕就不再阅读了。吾丘寿王！"一个高大的大臣走上前，跪下回答："臣在！"

"朕封你为上林苑将作监，按照司马大人的赋文，建造上林！"

"臣遵命！"

突然，一个大臣急急忙忙地跑了几步，跪倒在第一排："陛下，请听臣汲黯一番言论！"

汉武帝瞥了他一眼，说道："汲爱卿，好久不见你开口了？今天终于开口了？说吧！"

汲黯抬起头，高举着笏板："陛下，先帝文景二年开始，以节俭治国，大规模的开支都要审慎考虑。陛下如今大兴土木，修建豪华园林，将会耗尽国库，但未必能达到《上林赋》所描绘的奢华程度啊！"

汉武帝听后不太高兴地说："此举也是展示我国威严，不让匈奴等外敌小看我们，有何不妥之处？"

汲黯直言不讳道："我只担心百年积累的国库和亿万子民血汗的成果，会在这次修建中全部耗尽！"

汉武帝脸上露出不悦之色："你这样说，难道我就成了祸国殃民之昏君？""陛下如果真心爱民，请务必节俭行事，不要铺张浪费！""大胆！天下太平，我进行狩猎和修建，这是无为而治，太皇太后和朝中的文武百官都觉得不错，你为何说我不爱民？"汲黯坚持己见："我认为，修建上林苑的事情，万不可进行！"

汉武帝拍了案子："汲黯，你太傲慢了！不然，你也写一篇赋文给我看看，让我按照你的方式来办！"

汲黯毫不退缩："我虽然不能写文赋，但是，就算死了，也不会让陛下过度铺张浪费！"汉武帝说道："朕不想看你死！来人，把他逐出朝廷，永不再用！"

两个侍卫走上前，抓住汲黯，准备把他拖出去，汲黯却趴在地上，不愿离开。他们想用力把他提起。

"慢！"东方朔阻止了他们，"陛下，臣也写了一篇赋文，请问能否奉献给圣上？"汉武帝说："东方朔，快拿过来！"东方朔在汲黯面前跪下："臣心中有赋，想当面为陛下朗诵，不必写在纸上。"汉武帝也开心了："只说无妨。"东方朔抬起头，庄严而铿锵地朗诵起来：

"上唇顶天，下唇合地。口吐狂言，臭气熏天。逢迎其主，不论利弊。皇皇上苍，明明日月。关爱百姓，仁慈多多。富国强兵，不沉溺奢侈。闻过即改，圣明如尧舜。召回贤臣，兴国安民。"

朝中一片喧哗。司马相如气得坐在地上，手指着东方朔，无话可说。

丞相许昌走到前面："启奏陛下，东方朔虽然言辞滑稽，但他的规劝确实中肯。"

汉武帝心知肚明，顺水推舟地说："东方朔，你的赋文也相当不错。"

东方朔却不接受："臣东方朔不敢谢恩，只是希望能让汲黯大人留在朝廷。"

汉武帝却不以为然："汲黯的言辞无礼，难道不应该惩罚？"

许昌接话道："汲黯的言辞过激，应该受到严厉惩罚。臣认为可以让他暂时闭门思过，等他认识到错误，再决定是否再次任用他。"

汉武帝思考片刻后说："就按丞相所言，不过这上林苑的修建，我已经决定了！"

许昌接着进言："上林苑年久失修，重建无妨，但应适可而止，不应过于铺张。吾丘寿王适合担任监造之职。至于司马相如果不愿意，老臣愿意接手。"

司马相如像得到了救命稻草一般，忙说："这样最好，这样最好！"

汉武帝沉思片刻："好！就照丞相的意见办，其他人就不得干涉了。如果有人乱言此事，将会受到严惩！"

司马相如却不同意了，跪行到前面，痛心疾首地说："陛下，臣只是个文人，只是想凭借文辞来取悦吾皇，以回报您的知遇之恩。没想到误打误撞，反而被玩弄得无地自容。请您惩罚出言伤人的东方朔，为臣澄清是非！"汉武帝为难了："司马爱卿，朕派你去担任西南宣抚使，安抚巴蜀老百姓，让他们从内心归顺汉朝。不知道你能否完成这个任务？"司马相如得到一个钦差使命，心中稍感安慰。于是，他向皇上致谢。

四、为君消愁

汉武帝有个妹妹叫隆虑公主，隆虑公主的儿子被封为昭平君。昭平君长大成人之后，汉武帝将自己的一个女儿夷安公主嫁给了他。隆虑公主晚年疾病缠身，为了儿子的前途，隆虑公主先向汉武帝进献了黄金1000斤、钱1000万，如果万一昭平君将来犯了死罪，就用这笔钱来抵罪，汉武帝答应了。隆虑公主去世后，昭平君仗着自己是汉武帝的亲外甥，又是汉武帝的女婿，因此，越来越骄横，最后在醉酒之后杀死了夷安公主的丫鬟。

因为昭平君是隆虑公主的儿子，又是汉武帝的亲外甥，所以掌管断狱的廷尉在处理这个案件时感到十分为难，便将此案上报给汉武帝，请他亲自论决。

汉武帝左右的人劝他说："隆虑公主去世之前已向陛下预先交纳了赎昭平君死罪的黄金，再说又是陛下的女婿和亲外甥，就请陛下赦免他一次吧！"汉武帝说："我的妹妹到晚年才生了这么一个儿子，去世的时候又将他托付给我，我怎么能辜负她的嘱托呢？"说着，流泪叹息不已。周围的人都默不作声。过了很久，汉武帝又说："国家的法令，是先帝们所创制，因为我妹妹而违反先帝制定的法令，将来我有何脸面进入高祖的祭庙中呢？况且，这样做又辜负了天下百姓对我的期望。"于是，他便批准了廷尉处昭平君以死罪的奏章，一边批示，一边悲伤不已，汉武帝左右的人也都为之悲伤。

东方朔走上前去，向汉武帝祝寿，并说道："臣听说圣明的君王治理天下，施行政令，即使他是自己的仇人，如果他有功劳，也要实行封赏；而如果人犯了法，即使他是自己的亲骨肉，也要实行惩罚。所以《尚书·洪范》篇说：'不偏不党，王道荡荡。'不持偏见，不党同伐异，王道就能够平坦顺利地实现。'不偏不党'这二者，是尧、舜、禹等古代五帝所重视的，商汤、文王、武王等三王所难以做到的。而现在陛下却做到了这一点，所以当今天下，四海之内，黎民百姓各得其所，这实在是天下的幸福！臣东方朔在此谨奉觞昧死再拜，祝陛下万岁万岁万万岁！"汉武帝这时心情正不愉快，听了东方朔的话，更不高兴，一言不发，起身回内宫去了。

到了黄昏，汉武帝派人把东方朔找来，责备他说："《论语·宪问》中讲：'夫子时然后言，人不厌其言。'今天先生在我心情正悲哀的时候却给我祝寿，你觉得你的这些话说得很是时候吗？"东方朔听了，赶紧脱去帽子，向汉武帝叩头，回答说："臣听说人若是兴奋得过度便会伤了阳气，悲哀过度会伤了阴气，阴气阳气都受到损害，则人的心气便会浮动发虚，心气浮动发虚则精神变得散漫，精神变得散漫则邪气便会侵入人体，使人得病。而消解人的忧愁没有比酒更好的东西了。臣之所以在这个时候为陛下祝寿，是知道陛下正直不阿，明辨是非，臣想借酒祝寿为陛下解哀消愁。臣愚昧无知，不知忌讳，罪该万死，请陛下见谅。"

汉武帝听了东方朔的这些话，心中十分感动。

五、怒斥董偃

汉武帝元光五年（前130），东方朔阻止董偃入宣室事。

当初，汉武帝有一个姑姑馆陶公主刘嫖，因为是窦太皇太后所生，人号窦太主。窦太主的丈夫，是堂邑侯陈午，陈午是西汉开国元勋、著名谋士陈平的孙子。到窦太主50多岁的时候，丈夫陈午去世了，窦太主在府中寡居，觉得太寂寞，便找了一个十分年轻的相好叫董偃。董偃出身于贫苦家庭，从小跟着母亲到有钱有势的人的府里去买卖珍珠。13岁那一年，他随着母亲第一次到窦太主的府上。因为董偃长得英俊，窦太主府里的人十分喜欢他。随后，下人们为了不让窦太主在丈夫死后感到孤单，便想请董偃母子进府，窦太主同意了。此时的董偃虽年纪幼小，却五官端正，俊眉朗目，已过早地显示出楚楚风致。窦太主对董偃的母亲说："这个孩子我给你养着。"便把董偃留在了府上。因为董偃还小，就找人教董偃认字读书，学习相马之术，并教他学习驾车、骑马、射箭，以使他成人后具备多方面的才能，因而，董偃读了不少书，有了一定的文化修养。

到董偃18岁那一年，窦太主亲自主持，为董偃行了冠礼。从此之后，窦太主外出，董偃必为窦太主驾车；回到家里，董偃便侍候窦太主吃饭、穿衣、睡觉。董偃长大成人后，人既长得俊美，性情又温柔体贴，深得窦太主的喜爱。

在当时，虽然从道德层面，男女之间大多都遵守"礼法"，但在实际行为上，人们对男女之间的自由投奔并不反感，尤其是在上层人物中更是如此。司马相如与卓文君的故事便是一个著名的例子。窦太主与董偃的关系实际上也为当时人们所接受，何况此事还发生在窦太主身上，别人自然不敢随便非议。要说非议，大多还集中在二人的年龄差距上，其次是董偃出身低微，就社会地位而言不配与窦太主在一起。窦太主并不觉得自己这样做有多么羞耻，相反，她还公开二人的关系，让董偃到社会上去广泛结交公卿大臣，以抬高他的地位。长安的公卿大臣们看在窦太主的面子上，对董偃也十分友好，因此董偃的名字迅速传遍了长安城，人们称呼董偃为"董君"。为了董偃行事方便，窦太主下令给府中的管事说："家里的钱物，董君可以随便使用。如果不是一天花用黄金百斤以上、钱满 100 万以上、布帛满 1000 匹以上，就用不着告诉我。"有了足够的经济上的支持，董偃自然可以办许多之前无法企及的事情。当然，这背后并不是没有危机。首先是董偃出身低微，别人是看在窦太主的面子才尊敬他，一旦没了窦太主，便不会有人再把他放在眼里。其次，董偃与窦太主年龄相差太大，窦太主活着时是董偃的保护伞，一旦死了，董偃年纪还小，如果不事先设想好，便可能没有退身之路。董偃并不是没有想到这一点，只是他知识才能有限，想不出更好的办法，只能权且过一天是一天。他若想在窦太主活着的时候抽身而退，窦太主定不会放过他。

董偃有一个好朋友叫爰叔，家住在安陵（今陕西省咸阳市），是汉景帝时的著名策士爰盎的哥哥的儿子。爰叔颇有他叔叔爰盎的作风，聪明过人，遇事机智善断，有深谋远虑。开始的时候，董偃听说了爰叔的声名，主动前去结交。爰叔经过观察，见董偃人品不坏，便结交了他。董偃有事，总找爰叔商量。董偃有了心事不久，爰叔便觉察出来了，只是董偃不开口，爰叔也不便多问。其实，爰叔早就替董偃考虑过这个问题，只是一直找不到合适的机会交谈。过了一段时间，爰叔实在忍不住了，就去找董偃，问他说："你私自侍候汉家的公主，而未经皇上陛下认可，这是个不测之罪，不定哪一天便招来祸害，那时你将怎么办？还想像现在这样安居闲处吗？"这几句话正说中董偃的心事，使董偃十分恐惧。董偃回答说："这件事我已经忧虑了好久了，不知道该怎么办。"爰叔说："我给你出个主意。公主家的属田顾城庙靠近长门园，皇上经常到那里去举行籍田礼。从城里到长门园道路很远，长门园却没有供皇上休息的行宫。公主的这块田里不但有楸树林及竹林可供人游玩，而且靠近天子的籍田。行籍田礼时，皇上必须亲躬其事，因而，应该有一个休息的地方。皇上早就想要这块田地，因为它是属于公主的，皇上不好张口。你何不劝公主将这块地献给长门园，为皇上提供方便呢？如果这样做，皇上知道这是你的主意，肯定会喜欢你，这样你就可以安枕而卧，永远没有忧虑了。这件事不做，时间久了，皇上亲自张口向公主要，到那时候你该怎么办呢？要做现在就做。"董偃一听大喜，向爱叔叩首谢道："我一定遵照你的指教去办。"

随后，董偃回去将这个主意告诉了窦太主，窦太主听从了董偃的话，立即向汉武帝上书，将那块园地献给了长门园供汉武帝使用。汉武帝收到上书后，大为高兴，并将窦太主所献的园地更名为长门宫。窦太主见这件事果然使汉武帝十分高兴，也非常欢喜，让董偃奉 100 斤黄金为爱叔祝寿，以表示对他的感谢。

献园地给汉武帝虽然取得了武帝的欢心，但这只是暂时的，而且算不上是一件大事，并不能达到长远的目的。要想长久地巩固董偃的地位，必须采取一些更好的措施。窦太主和董偃又请求爱叔为他们出谋划策。这次的主要目的是想办法让汉武帝见到董偃，通过这个机会使汉武帝正式认可董偃与窦太主的关系。过了一些日子，爱叔想出了一个好主意。他让窦太主在家装病，暂时不去皇宫朝见汉武帝。汉武帝若知道窦太主病了，必定前来探视，那样就可以借机让汉武帝见到董偃了。窦太主听从了，便在家里装起病来，有一个多月没有入宫朝见。汉武帝见窦太主好久没有露面，询问起来，才知道姑姑生了"病"，便抽空到窦太主家里探望。窦太主见汉武帝果然来了，心中窃喜，表面上却装出一副病情很重的样子。汉武帝坐在窦太主的身边聊了一会儿，问窦太主想要些什么，窦太主见机会来了，便一边辞谢一边说："臣妾有幸蒙受陛下的厚恩，先帝的遗德，奉朝请之礼，备于臣妾之仪，被列为公主，陛下既给了不少赏赐，臣妾所封的县邑又有相当的租赋收入，陛下的恩德比天还高，比地还重，臣妾鞠躬尽瘁，至死也不能报陛下之恩的万一。臣妾突然有不讳之事，不能再奉任洒扫之职，也许会在狗马之先而填入沟壑，而心中却有许多遗憾，不能消解。臣妾请求陛下不要太过劳累，有时要忘掉天下万机，养精游神，能从宫中掉过车头，枉驾到臣妾家里来，使臣妾能够有机会在自己家中为陛下献酒上寿，并使陛下左右之人也喜欢。若能这样，即使现在死了，心中还会有什么遗憾？"汉武帝听出她话中有话，便问她："您还有什么忧虑的事情？好好养病，一定会好的。只是我怕跟我来的群臣从官们太多，让您破费了。"又说了一会儿话，汉武帝就起身到外面去了。过了一会儿，窦太主装作病好了些，从床上爬起来，到外面去拜谒汉武帝。汉武帝派人送了 1000 万钱给窦太主，当作在公主家里宴饮的费用。然后，汉武帝和跟从的群臣百官便在公主家里大肆吃喝了一番，才率领着群臣回宫。其实，汉武帝从窦太主的言谈话语之间早已明白了窦太主的意思，关于窦太主和董偃的事，汉武帝也早有耳闻，只是一直忙于国家政务，未曾放在心上。再者，汉武帝自己也并不是十分在意人的出身，他第二个皇后卫子夫出身歌伎，地位低微。

汉武帝十分宠幸的李夫人也出身歌伎，像这种情况在当时是十分罕见的。但是在汉武帝眼里，像窦太主和董偃之间的事情是很正常的。因此，过了几天之后，汉武帝又率领群臣到窦太主家中来，还未坐定，汉武帝便挑明了来意，问窦太主："主人翁（指董偃）在哪里？我想见见他。"窦太主急忙去掉头上的珠宝，脱掉鞋子，叩首称罪，汉武帝随即表示不责怪她。窦太主带早已准备好的董偃前来面圣，董偃身穿一身下人的衣服，头戴绿色小帽，跟随在窦太主身后走上前来，拜伏在殿阶之下。窦太主自己说进谒之辞道："窦太主家中庖厨之人臣董偃昧死再拜，叩见陛下。"公主一边说，一边和董偃一起向汉武帝叩头，汉武帝急忙站起来让礼，并赏赐给窦太主和董偃各一身衣服，让他们换上后再来上坐。董偃站起来，急忙走到一边去换衣服，然后上坐。窦太主则亲自为汉武帝斟酒叩菜。在酒席宴上，汉武帝为表示尊重，不叫董偃的名字，而叫他"主人翁"。窦太主和董偃受宠若惊，服侍得更加殷勤，这场酒宴也就尽欢而散。汉武帝临走的时候，窦太主经过汉武帝批准，向跟随汉武帝来的将军、列侯及从属官员分别赠送了金钱和丝绸、布匹等礼物，众官们也都心满意足地回去了。从此，董偃受到汉武帝尊宠的事传遍了天下，地方郡守和诸侯国的官吏到京师长安来，必定要到窦太主府上去拜见董偃，并送上各种礼物。想讨好董偃的人不惜血本地弄来名犬、名马和珍禽异兽献给董偃以讨其欢心；天下那些会玩蹴鞠游戏的，善于斗鸡走狗的以及剑客、侠士们，也都投靠到董偃门下讨生活。一时之间，窦太主府第成了长安城最热闹、最引人注目的地方。投靠、巴结董偃的人大都是些势利小人，看谁有权有势就投靠谁，心中根本没有什么道义。现如今董偃受到汉武帝尊宠他们就投靠他，而后若董偃不受宠了，这些人又都弃之而去。人情冷暖，于此可见一斑。

自从汉武帝在窦太主家见了董偃之后，董偃的身份算是得到了正式的确认，不再像以前那样羞于见人了。汉武帝此时还比较年轻，特别贪玩。有一阵子，他在出去游乐的时候，总要把董偃带上。董偃不但跟着汉武帝到北宫去游玩，而且和汉武帝在平乐观中赛马赛狗，观看斗鸡和蹴鞠，很是受尊宠，汉武帝也玩得特别痛快，经常连国家大政都懒得处理。

汉武帝做这些事情的时候，东方朔一直跟在汉武帝的身边，他心中非常反感，只是找不到恰当的机会向汉武帝讲这件事。汉武帝不但和董偃在一起玩，而且越来越不讲君臣礼节，越来越尊宠董偃了。过了一段时间，汉武帝居然在汉文帝、汉景帝经常处理政务的宣室之中摆下酒宴，派谒者请窦太主来赴宴，并且连董偃也一起请来。

　　这时，东方朔正好持着戟站列在宣室大殿的台阶之下，一听汉武帝发布这些诏命，再也忍耐不住，向前紧走几步，伸出手中的戟挡住汉武帝所派谒者的去路，谒者吓了一跳，急忙回头请示汉武帝。汉武帝见东方朔突然站出来，有话要说，探手让信者退开，让东方朔上前回话。东方朔前走几步，对汉武帝说："董偃犯了三条死罪，哪里能让他到这里来呢？"

　　汉武帝听了，有点迷惑不解，问东方朔："这话该怎么讲？"

　　东方朔说："董偃身为人臣，却私自侍奉汉家的公主，以卑贱之身而履贵盛之位，这是第一条该杀之罪。败男女之化，而淆乱婚姻之礼，破坏先代圣王的道德礼制规范，这是第二条该杀之罪。陛下还很年轻，正当努力学习先王圣贤的经典，专心致力于处理国事，向先代的圣明之君们学习以期使天下大治，国富民安。做人臣的，都应该殚精竭虑，协助陛下做到这一点。而董偃不但不学习经书，鼓励别人积极向上，反而靡丽奢华，以奢侈挥霍为务，只知道斗鸡走狗、赛马蹴鞠，使陛下和他一样沉溺于耳目的嗜好，专干不合正体的歪门邪道，把陛下引向邪路，上害国家，下害百姓。这样的人，是国家的大贼，君主的大贼，正应当除掉这个祸害。这是他第三条死罪。过去，宋国宫中发生大火，宋恭姬首先想到别人，为了救傅姆的命而被烧死。诸侯们听说宋

国出了这样的人，都非常尊敬宋恭姬，而且害怕宋国。陛下今天的所作所为要是传了出去，别人会怎么想呢？”

汉武帝听了，自知理屈，半天默不作声。过了许久，才对东方朔说：“我已经摆好了酒宴，不好再挪动，就这一次，以后不这样做了。”

东方朔说：“不行。宣室是先帝处理国家大事的正经地方，凡是不合于先王法度礼义的事，都不应该在这里举行。国家政治淫乱，久必生变，其变必为篡逆之事。所以，齐国的竖刁引导齐桓公为淫，而易牙作乱，几乎毁了齐国。鲁国的乱臣庆父被除掉，鲁国才重新获安。管叔和蔡叔被杀，周朝才获得安全。”汉武帝听了，说：“好，就听你的。”当即下诏停止在宣室摆设酒席，而将酒宴改到北宫去。董偃入宫的时候，要他走东司马门，而不让他走正门，一切都按礼法行事。汉武帝又下令改东司马门为东交门，并赏赐给东方朔30斤黄金。

东方朔劝说、阻止汉武帝所引的三个典故，在历史上是非常有名的。竖刁和易牙都是春秋五霸之首齐桓公所宠爱的佞臣，这二人专门想法子引导齐桓公去游乐享受。齐桓公的著名大臣管仲病重的时候，齐桓公前去探视，问管仲道：“你有什么话要留给我吗？”管仲说：“臣请求您离易牙和竖刁远一点儿，不要和他们亲近。"齐桓公说："我有病不想吃东西的时候，易牙将自己的亲生小儿子杀死做成鲜美的肉汤端来给我喝，这样忠诚的人，还有什么可怀疑的？"管仲说："人的天生情感是珍爱自己的孩子。如果连自己亲生的孩子都忍心亲手杀死，君上对他来说又算得了什么呢？"齐桓公说："竖刁为服侍我，自己割掉了生殖器来到宫中，和我亲近，这样的人还有什么可疑的呢？"管仲回答说："爱护自己的身体是人之常情。连自己的身体都不爱护，他怎么可能爱护自己的君主呢？"齐桓公听了，说："好吧，我答应你。"管仲去世后，齐桓公真的将易牙、竖刁赶走了。可自从这二人走了以后，齐桓公连吃饭都觉得没有味道。过了三年，齐桓公实在熬不住了，说："管仲大概有些过分了。"于是下令将易牙、竖刁二人召回来。第二年，齐桓公生了病，不能发号施令，易牙、竖刁二人趁机作乱，派人堵塞了宫门，筑起围墙，不准外人进来。有一个女子翻过高墙，来到齐桓公的身边，齐桓公说："我想吃东西。"女子说："我找不到。"齐桓公说："我想喝水。"女子说："我找不到。"齐桓公问道："这是为什么？"女子说："易牙和竖刁结伙作乱，堵塞了宫门，筑起高墙，不让外面的人进来，所以什么也找不到。"齐桓公一听，流着泪说："唉！圣明的人的见解是多么深远哪！如果死者有知，我还有什么脸面去见管仲呢？"便用衣袖蒙在自己脸上死了。齐桓公死后，内乱仍未停息，齐桓公的尸体都生了蛆，还未装进棺材。后来被用两扇门夹着，三个月以后才埋葬。

庆父是春秋初期鲁桓公的儿子，鲁庄公的弟弟。庄公去世后，庆父杀死了庄公的儿子鲁闵公，想自己当鲁国国君。因其他大臣的反对，庆父被迫逃亡到莒国。当时鲁国人都说："庆父不死，鲁难未已。"后来鲁僖公即位，非常担心逃亡在外的庆父作乱，便秘密给莒国送了许多贿赂，让莒国把庆父交给鲁国。庆父知道自己罪大，回去以后不会有好结果，便上吊自杀了，鲁僖公的君位才安稳了下来。

管叔和蔡叔是西周初年周文王的儿子，周武王的弟弟。周武王灭商后不久去世，周公旦辅政，武王的儿子成王即位，年纪幼小，而东方还很不安定。周公辅政后，坐镇东方的管叔和蔡叔怀疑周公旦想篡位，便散布流言，说周公将不利于成王，并和殷纣王的儿子武庚一起作乱。周公为了周人的天下，率军东征，经过三年血战，平定了叛乱势力，诛除了管叔和蔡叔，周人的天下才稳定了下来。

东方朔引用这些典故，是想劝汉武帝不要重蹈齐桓公等的覆辙。汉武帝自然懂得，并真的反省了自己。从此之后，汉武帝对董偃逐渐冷淡起来，窦太主家的门庭自然也不如以前那样热闹了。窦太主和董偃的事在当时的王公贵族中开了一个恶劣的先例。

第五章

应谐似优

一、帝见诸臣

汉武帝登基后做了许多重要的事情，如派遣张骞去西域大月氏、乌孙等国外交，派遣军队进攻闽越地区。他还鼓励郡国选拔杰出人才，下诏要求贤良之士提出对策。在马邑之战中，他布置伏兵成功击败匈奴。最近，他派遣司马相如去西南地区进行交流。然而，东方朔发现汉武帝近来与一位貌美如天仙的美人私会，经常在深宫中欢乐，不再亲自上朝见诸臣。与此同时，匈奴再次侵犯边境，黄河南岸发生决口，导致数千万人无家可归，大片良田被水淹没，尸体漂流无处。有许多重要的事情等待皇帝的谕示，但他要么待在深宫不出来，要么去上林苑游乐，与他最宠爱的臣子见面的次数也减少了。此时，深宫中的大事小情都由宦官弘恭、石显等人转告或代办，而这些宦官大多是贪图权位的小人，只顾迎合皇帝的喜好，不管国家的兴衰。

一天，前往夜郎国执行使命的中郎将唐蒙前来拜访东方朔，他奉汉武帝的命令出使夜郎国。两人见面后互相行礼，唐蒙向东方朔讲述了自己出使夜郎国的经历，以及如何用丰厚的礼物说服夜郎侯与汉朝建立友好关系。他还逗趣地复述了夜郎侯的自吹自播和愚蠢言论，引得东方朔哈哈大笑。最后，唐蒙说明了自己的来意，原来他从夜郎国回来时，夜郎国的使臣也随行来到长安，希望能够见到汉武帝。然而，已经等了三四天，皇帝一直没有召见他们。唐蒙透露，在宾馆中还有几位边境使者正在等待谕旨。因此，他请求东方朔设法让皇帝尽快召见他们。东方朔深思片刻，犹如一个出鞘的宝剑一样，他平静而认真地说道："请将军明日务必到未央宫中，大王可能会在巳时抵达。如果确实如约，我衷心地请求您能够面见大王，进行述职；倘若那时大王不在宫中，那么我也将无能为力，无法为您提供更多的帮助。"此刻，唐蒙好奇地询问东方朔，向他讨教如何将皇帝请出深宫，而东方朔却意味深长地笑了笑，并没有正面回答他的问题。

原来东方朔巧妙地引用了秦始皇在汤池遇到仙人的传说，并且为汉武帝精心撰写了一篇文章。在撰写这篇文章的过程中，他不顾弘恭和石显两人的百般阻挠，终于成功地将这篇文章呈献给汉武帝。他恳请汉武帝，也能在秦始皇曾经遇到仙人的那一天，前往骊山的汤池中沐浴。

果然，东方朔的这篇文章引起了汉武帝的极大兴趣，他真的决定前往骊山的汤池沐浴。为了保证自己的安全和舒适，他下令召唤东方朔一同前往，并负责在旁边侍护。也正是因为这一天，汉武帝离开了深宫，各位大臣才得以抓住机会，得以朝见皇帝。

汉武帝在处理完告急的问题之后，连续下达了数道圣旨：派遣十万名士兵前往黄河的瓠子口去堵住决口；同时，他还下令开凿漕渠，将渭水引入黄河；此外，他还命令卫青和李陵前往龙城，抗击匈奴。

在诸种紧急事务都得到妥善处理之后，汉武帝终于又想起了前往骊山游玩的计划。这次他更加小心谨慎，提前做好了充分的准备，以确保自己的出行平安顺利。

二、眼不见为净

那天，汉武帝乘坐高达四五丈的龙舟前往骊山。龙舟上设有金玉装饰的宫殿，船上的人都穿着锦彩袍。除了皇后卫子夫和宫娥、侍从外，还有吾丘寿王和东方朔陪同驾船。

显然，由于汉武帝长时间未出宫，对两岸青山充满了热切的感情和迷恋。汉武帝笑着向坐在一旁的东方朔和吾丘寿王问道："你们知道世间最洁净的是什么吗？"

吾丘寿王回答道："在我看来，世间万物都可以用水来洁净。物品被弄脏时，用水冲洗就会变得干净。身体肮脏时，用水洗净就能恢复干净。"汉武帝稍作思考，点头赞同："先生说得对。无论什么东西，沾上泥土或者变脏了，用水冲洗就可以迅速恢复干净如初。"

但东方朔却不同意，他连连摇头说："我认为这个观点是错误的。"汉武帝转过身问道："你为什么这么说？"东方朔笑着回答："御驾，如果将尿液掺入酒中，用水冲洗能洁净吗？"

汉武帝笑了笑，继续问东方朔："爱卿，那你认为最洁净的是什么呢？"东方朔看了一眼吾丘寿王，笑着说道："我认为看不见才是最洁净的。世上万物都存在于五种浑浊之中。这所谓的五种浑浊是指劫浊、见浊、烦恼浊、众生浊和命浊。世间哪里有不浑浊的东西呢？只不过是视觉上的有无差别。那么，如何进行净化呢？除非是阿弥陀佛的净土，天地三界中除此之外，只有太上老君的极乐世界才是无五浊之净土。"

东方朔的意思是，世间没有不带浊的东西，这是显而易见的。皇上，您也并非完全洁净无瑕！吾丘寿王更是如此。

汉武帝听后笑道："先生说得对，不妨将此理作为册简，广泛传播于天下。"吾丘寿王被东方朔戳中痛处，本想反击几句，但自知才学远不及他，担心更加尴尬，而且皇上已经大加赞赏，所以只能支支吾吾地离开座位去了。

三、雄辩奇才

这时正值金秋，天空晴朗明亮，绿波荡漾，一座郁郁葱葱的山岭展现在眼前，这里就是周幽王被斩首的地方。东方朔回想起，周幽王在骊山烽火台上为获得宠妃褒姒青睐而戏弄诸侯的故事，周幽王的放荡无度最终导致他在骊山丧命。然而，东方朔觉得这个故事有些俗套，而且在这个时候讲这个故事似乎有点不合适。他决定给汉武帝讲一则关于秦始皇在汤池遇见神女的故事。

经过一番思考，他对汉武帝说："陛下，骊山虽然不如太华峻峭，不如终南绵延，不如太白神秘，不如龙门险峻，但它是三皇的故居。自周秦时代以来，世间还有许多贵官别馆，还有三元洞、老君殿、老母殿、烽火台、幽王陵和褒姒墓，还有战国时期名医扁鹊的墓地，赵国宰相蔺相如的墓，以及秦始皇焚书坑儒的地方和楚霸王邀请刘邦的鸿门宴地点。陛下不妨到骊山游览一番，可以顺便狩猎一些野兽，也可以欣赏古老的胜景。如何？"

汉武帝听后兴致勃勃，随即命令左右侍从分为两路，前往骊山的汤池。

突然，一只灰溜溜的野兽从乱石山丘间奔出来。汉武帝拉弓搭箭，"嗖"地射出一箭，正中那野兽的喉咙。野兽突然从地上跃起，凄厉地嚎叫着滚了几圈，然后四腿一蹬就死了。

汉武帝笑着走到前方，接过侍从拿来的野兽，仔细打量。这野兽既不像猫也不像狗，甚至不像虎。他犹豫了一会儿，几年前他在南山也捕获过这种野兽，但那时他不知道这是什么动物，请教身边的东方朔。东方朔却随口回答："这是花狸。"汉武帝有些怀疑，他打量了一眼东方朔，看他是否在混淆视听。然而，东方朔接着说："此兽三月交配，七月生崽。"汉武帝听了这个名字，再看看手中的野兽，有些怀疑。但他还是将这件事记在心里。

现在，汉武帝又一次捕获到了这种野兽，他稍微用力提起那野兽，笑着询问东方朔："先生，你能告诉朕这野兽叫什么名字吗？"东方朔早已忘记几年前的事情。事实上，上次他也不知道这野兽叫什么名字，只是随口答复而已。这时，东方朔见汉武帝向他提问，他立即回答："这是虎子。"因为他觉得这野兽头部有点像虎，想必与虎有着某种关系。然而，他万万没有想到，汉武帝听了东方朔一说"虎子"，脸色顿时一变，责怪道："先生，你素有多才博识之称，几年前你称之为花狸，如今又称之为虎子，你为何如此反复无常？"东方朔愣了一下，才想起那次的事情。

然而，他并不慌乱，稍作思索后笑着解释道："陛下，雁者，小时候称雏，成年后称雁，壮年称鸿；女性小时候为婴儿，成年为少女，结婚后为妇女，老年则为婆婆；马的幼崽称崽，青年时期称驹，壮年称马，雄马称骥。世间事物常常变幻，但变化中又恒定不变。阴阳五行，世间万物，没有绝对的不变之理，只是万变不离其宗而已。"

汉武帝听了东方朔的辩解，不禁更加欣赏他的口才和智慧。他向东方朔投以赞叹的目光，笑着再次问道："既然如此，这野兽无论是叫花狸还是虎子，朕不再责怪你。但是，上次你说这野兽三月交配，七月生崽，可现在已经是金秋十月，为什么这野兽肚子还鼓鼓的呢？"东方朔听到汉武帝这样问，心中有些慌乱，他只是胡言乱语应付当时的场面，并没有想到汉武帝竟然还记得得这么清楚，而且还一再深究。他稍作沉吟，从慌乱中解脱出来，笑着回答："陛下，我知道夏天下雨，冬天下雪，但有时候雨中会有冰雹，雪中也可能有细雨。我也听说过，曾经神女与襄王有过秘密会面。天地规律有时也会产生变异，人与神也有情感往来。一个小动物如此而已，又有何奇怪！"

汉武帝听完东方朔的辩解后，更加欣赏他的雄辩和才智。他心生一重大计划，决定让东方朔前去完成。

四、朝中清流

东方朔进入朝廷之后，虽然一直受到汉武帝的喜爱，但始终处在类于俳优的地位，他自己也是清楚的。但不论汉武帝如何看待、任用自己，东方朔从没有忘记过自己当初的理想和做臣子应尽的职责。

君臣之义是中国自远古以来君主与臣子之间的最高道德理想和行为规范。臣子必须对君王忠诚，不论君王怎样对待自己，也不论这个君王是否英明仁慈。君有君义，臣有臣节，人如果在行为上违反了这一点，就会被看作是大逆不道，就会被周围的人敌视和唾弃。君主也可以利用这个罪名杀戮任何一个臣子，而且名正言顺。

这些思想主要来自以孔子为代表的儒家。再向上追溯，则是源自中国周代的血缘宗法制度及由此而衍生出的社会伦理道德。此即孔子所说的"君君，臣臣，父父，子子"，后人更依此而总结出"君为臣纲，父为子纲，夫为妻纲"及仁、义、礼、智、信"五常"。这是一个方面。另一个方面，做臣子的对君主的行为还负有监督、批评的责任，这也是臣下对君主尽忠的一种形式，其用意在于保证君主的言语行为更为正确，更"完美无缺"，更有利于天下国家。

所以，敢"直谏"，即当着皇帝的面提批评意见，指出皇帝所犯的错误，也成了"良臣"即好臣子的一个特点和象征。尽管最终的决策权在皇帝，对臣下的批评意见皇帝完全可以不听，但这种"谏"的形式却一直保持着。皇帝常下诏寻找敢"谏"的人做大臣，或部分地采纳进谏大臣的意见，以证明自己的公平和正确。于是，可以从谏纳谏成了"好皇帝"的象征，而拒绝别人的批评甚至恶劣地对待进谏的君主，无一例外地被人视为"坏皇帝"或坏君主，遭到当时或后人的抨击。如历史上的夏桀、商纣王和秦始皇等。

通过进谏和纳谏，臣子和君主构成了一种很奇怪的相互关系。经常出现的情形是：君主部分地纳谏以示自己"圣明"和大度，臣子们忠心地直谏以示自己是个好臣子，有的人还借此机会沽名钓誉，使自己"流芳百世"。只有极少数的臣子视进谏为自己天生的职责，视进谏为利天下国家的实际行动。

因此，他们的"谏"和沽名钓誉的"谏"有着本质的不同，这种人往往不看皇帝的眼色行事，甚至不顾生死，有话就说，有意见就提，常常弄得皇帝下不来台，以致做皇帝的也害怕见到这样的大臣，处处都让着三分。约与东方朔同时的著名大臣汲黯便是一个这样的人。汲黯常常当着朝中大臣的面顶撞汉武帝，经常气得汉武帝怒而罢朝。但汉武帝知道汲黯内心极为忠诚，所以从来没有治过汲黯的罪，反而礼遇有加。

　　东方朔是一个敢于诤谏的人。他虽然知道汉武帝像俳优一样看待自己，仍然想通过进谏而对天下国家有所裨益。再者，东方朔一直没有担任过什么重要的行政职务，无法通过治理地方为国家做贡献，向皇帝进谏成了他使自己有所裨益于世的唯一途径。处在他这样位置的人，又受到皇帝的宠爱，大可优哉游哉，无所事事，徒享俸禄，消极度日，但东方朔并没有那样做。

第六章

智圣群雄

一、《皇太子生禖》

汉武帝元朔元年（前128）春，东方朔34岁。这年皇子刘据出生，汉武帝大喜，诏令朝臣为其作《皇太子生赋》及《立皇子禖祝》，为立禖祠，东方朔写《皇太子生禖》。三月，汉武帝立其母卫子夫为皇后，赦天下。后于元狩元年（前122）夏，立刘据为皇太子，赦天下，赐民以爵、米、帛。

未央宫大殿，群臣皆跪。汉武帝高坐正中，卫子夫怀抱皇子，坐汉武帝身边，而皇太后则在二人之后，微笑高座。汉武帝兴高采烈地说："众位爱卿！今天是朕大喜的日子。朕的卫皇后，为朕生下爱子刘据，今天正是百日。朕承继大统，已有一十二年。一纪之中，朕从弱冠之龄，蒙太皇太后恩典，蒙圣母皇太后指教，蒙诸位爱卿忠心辅佐，大汉江山，物产丰隆，万民乐业，四海宁静，诸夷来朝。关内侯卫青，又为朕大破匈奴，一洗我朝开国以来之耻辱，泱泱大汉，煌煌河山，如日中天。朕昨晚做了个梦，有龙神游四极。众位爱卿，你们说，此兆如何？"汉武帝抱起儿子，接着说道："今日开始，再立新纪。朕决定改元，诸位爱卿，你们替朕想想，新的年号，叫何最佳？"

公孙弘马上出列，好像皇上改元，是他准备已久的事："陛下！年之四季，由春而始，春日为元；月之圆缺，由朔而望，朔是其先。臣以为，新的纪年，以'元朔'之号为佳！"

汉武帝听了，叫声："好！众位爱卿，你们意下如何？"

东方朔走了出来："陛下！此号固然极佳，可臣以为，还可再加斟酌。"

汉武帝说："噢？东方爱卿，你又有何高见？"

"陛下，臣以为，这元，虽有元旦元始之意，可也是元首之意也。"

武帝点头："唔。"

"可这朔字，乃臣东方朔之名。"

"你东方朔的名字，朕就不能用用？"

东方朔认真地说："陛下！依此说来，元朔元朔，元首就是东方朔。丞相以这个名字为新的年号，恐怕要将群臣之元首的位子，甩给臣东方朔来做。臣无德无能，岂可任此要职？"

众大臣一片哗然。汉武帝、皇太后也互相对视一下。公孙弘面带愠色，对东方朔侧目而视。

不料汉武帝更加高兴，他说道："东方爱卿，说得好。朕今天就借你之名，你的官位我也会再考虑，你意下如何？"

东方朔连忙跪下："臣谢圣主隆恩！"

汉武帝大笑："众位爱卿，你们所有大臣，均增一个月俸禄，以享皇恩。"

汉武帝又说道："好！今日中午，朕将赐宴上林苑，诸位爱卿，你们可以带上夫人，一同来分享朕与皇后得子之喜！"

东方朔正想回家，汉武帝叫住了他。上林苑中，喜气洋洋。汉武帝赐宴，众大臣有率妻子的，有单身一人的，共济一堂，欢歌笑语，跪席而饮。汉武帝与卫子夫坐于一大几案之前，接受群臣的道贺与献礼。

公孙弘上前跪拜："皇上，臣有两件礼物，想作为皇子百日之礼，献给皇上和皇后娘娘。"公孙弘走上前来，拿出一块玉佩，"皇上，这是臣家中祖传的璧玉一块，据说是卞和当年献和氏璧时留下的一块。臣想请皇后娘娘笑纳。"汉武帝不接。"臣要献的第二件东西，倒是举世罕见之物，不知皇上是否喜欢？"公孙弘说完努努嘴，叫家人抬过一个盖着大红布罩的箱子。"朕倒要看看，这里装的是什么东西？"汉武帝起身，走上前来，揭开红布，原来是一块石头，上面有一个大而深的印迹。"丞相，这是什么？"

"皇上，半个月前，洛阳有一术士来报，在洛阳以东的侯山境内，出现神仙踪迹。臣五日前，亲往探测，果然见此足迹，印于石上，非神人无此脚力。臣特将此祥瑞之物带回长安，献给陛下！”

汉武帝围着那大石转了一圈，惊讶地问：“啊！果然是神仙的足迹？这个神仙是什么样子？神仙有不死之术吗？”

公孙弘答道：“臣也知之甚少。臣今日已将发现神迹的李少君请来，皇上不妨问问他！”

“那李少君现在何处？”

“臣早将他请到长安，现在他正在外面候旨。”

汉武帝急忙说：“快传李少君进见！”

随着士兵的高声传唤，一个身着道袍、面涂红色、髯发俱白之人，半仙半妖般地飘然而入。他并不下跪，只给汉武帝和卫子夫作了一揖。

“贫道李少君启禀陛下，贫道亲眼见到神仙，未能邀他前来，请陛下恕罪。”

“噢？你见到的是哪位神仙？”汉武帝问。

“当然是贫道的仙师太上真人了。他是老君，所以我作为徒弟，才叫少君。这就是他留下的脚印啊！”李少君说。

东方朔这时从席上走了出来。“皇上，神仙的脚印，能让臣看一眼吗？”

"当然可以！东方爱卿，你是个见多识广的人，帮朕看一看，是神仙的足迹吗？"东方朔走过来，煞有介事地看了看，然后说道："嗯，皇上，臣觉得倒像一物，不知当说否？""爱卿只管直言。"

"皇上，臣觉得，这像驴的一只脚印。"

众人大笑起来。

汉武帝有点扫兴。

李少君却一直走过来，给东方朔作揖："东方前辈，果然您有眼力！"

东方朔被他叫得不知所以然。汉武帝却问："怎么，你们认识？"

李少君大声说："岂止认识？只要听他的话音，小仙就知道他是东方前辈！"

东方朔愕然，汉武帝高兴地说："我说东方爱卿怎么不像凡人呢，今天才得到验证。少君，东方朔说这是驴的脚印，是吗？"

"皇上，东方前辈所言极是！太上真人这次下凡，就是骑了一匹小毛驴。小仙看到，那驴一用力，就在石头上留下这么深的脚印。要是太上真人没有骑驴，那他的脚一用力，早就把西岳华山给踩塌了！"

汉武帝急切地问："那你说，太上真人此次前来，为了何事？"

"皇上，太上真人知道，天下圣君，已在大汉，且要称霸天下，他要我李少君助您一臂之力，让圣君长生不老，要大汉永世昌盛呢！”

汉武帝兴高采烈地道：“好！少君，朕要留你在宫中，专候太上真人，助朕迎仙，不知少君肯屈尊否？”

李少君说：“少君敢不从命？当急之事，应让东方前辈恢复记忆，有他与臣同心协力，太上真人才会来到圣主身边呢！”

汉武帝乐了，说道：“那好！东方爱卿！”

“臣在。”东方朔应承道。

“朕命你陪同少君，一面恢复记忆，一面等候大仙的到来！”

东方朔却说：“陛下！臣只记得，臣的家中尚有老妻，臣的儿子，一个18，一个16，都到了成家立业的年龄。臣要回家，接妻儿老小来长安！”

“不用不用，朕就要你陪着少君。公孙敖！”

公孙敖急忙出列答道：“臣在！”

“朕命你速到平原郡中，接东方爱卿的妻儿老小来长安。”

“臣公孙敖遵旨！”

此刻，上林苑中依然热闹。刚刚是公孙弘和李少君献仙人之迹，一会儿，主父偃又出列了。

“皇上，臣也有一物，请皇上过目！”

"主父偃，你有何物？"

主父偃让家人抬来一物，也以红布盖着，他说道："皇上，您不妨揭开一看！"

汉武帝揭开红布，一只古色古香的宝鼎出现在面前，他惊叹道："啊！宝鼎？主父偃，你从哪儿得到的？"

主父偃走上前来，大声说道："皇上，臣整理古董近十年，近期方得此宝鼎于古墓之中。此乃大禹时的九鼎之一，非太平盛世，它是不会出现的啊！"

汉武帝喜形于色："莫非是苍天有眼，让它在此时出现？"

公孙弘说道："皇上，刚有仙人踪迹，又现盛世宝鼎，皇子出世，改元更新，皇上，这都是您成为千古一帝的吉兆啊！"

汉武帝大喜过望。他看了卓文君呈司马相如遗谏，又说道："司马相如和朕不谋而合，他也劝朕像秦始皇一样，封禅泰山，举行万世盛典，求得神仙保佑。他说只要朕完成大典，朕就会成为千古一帝！"

这时，只见汲黯从人群中走了出来，给皇上跪下。

汉武帝一惊，说道："怎么，汲爱卿，你也有宝物要献给朕？"

汲黯大声说道："陛下，臣无德无能，弄不到宝物。臣只有一句忠言，想献给陛下。"

汉武帝知道他的忠言必然逆耳，但也不能让他闭嘴。于是，他皱着眉道："说吧。"

汲黯说道："皇上，神仙之事，神器等物，胆敢妄言者，不是神仙，便是妖孽。而秦始皇登泰山封禅，不仅未能使秦朝永固，反造成穷奢极欲，天下凋敝，民不聊生，天下揭竿而起。陛下要为千古一帝，决不能听信妖孽之言，步武秦皇劣迹啊！"

这话说得如此大胆，众人无不吃惊。

汉武帝刚刚还是飘然欲仙，被他这番言语气得七窍生烟。他呵斥道："朕今天如此大喜之日，你竟用如此恶语来中伤。来人！把这个臭嘴乌鸦，给我逐出长安，永不再用！"

汲黯面不改色，任侍卫将他拖走。

东方朔坐在地上，黯然神伤。他的面前，出现了秦始皇带着千军万马，耗尽天下财物，东下泰山的情景。他目光凝重，郁闷地自言自语："天哪！新的纪元要开始啦！"

元封（前110—前105）年间，刘据加冠迁宫后，汉武帝为其修博望苑以招揽宾客。自太初年间（前104—前101）起，汉武帝频频出外巡游，每以国事付太子。太子为政宽厚，深得民心。汉武帝儿子刘据算是汉朝历史中最为悲哀的一个太子，他当了30多年的太子却始终没有当上皇帝，反而还被冤死。刘据死后，汉武帝悲痛万分，为其修葺了思子宫以表忏悔和思念。事后汉武帝很长一段时间没有册立太子，直到汉武帝临死前才册立最小的儿子刘弗陵为太子。

二、《与公孙弘书》

汉武帝元朔三年（前126）或元朔四年（前125），东方朔36岁或37岁时，写了《与公孙弘书》。在这两年内，他可能还写了《难公孙弘书》。元朔四年（前125）冬季，东方朔随着汉武帝前往甘泉宫，并向公孙弘借车马，写下了《从公孙弘借车马书》。

汲黯是被称为天下第一诤臣的人，他性格直率，敢于直言不讳地进谏。而公孙弘则与汲黯完全相反，他做事低调，从不显山露水，总是刻意地掩饰自己。在朝廷上，公孙弘经常穿着一件破旧的长袍罩在华贵的内衣外面，装作贫苦的样子，这样的表现很让人反感。汲黯对此难以忍受，他想当着汉武帝的面戳穿公孙弘的虚伪，批评这样做作的人怎么能担任宰相之职，汲黯认为公孙弘的伪装会影响朝廷的声誉。而公孙弘非常善于辩解，他对汉武帝说："陛下啊，我之所以将旧衣服穿在外面，是为了展示陛下身边的宰相大臣过着节俭的生活，这样可以增加陛下的声誉。"

汉武帝问道："那你为什么里面穿着新衣服呢？"公孙弘回答说："我将新衣服紧贴身体穿着，是为了时刻牢记陛下的恩德。"听到这个解释，汉武帝居然十分满意，汲黯则气得在一旁直喘粗气。

东方朔与公孙弘经常有接触，于是经常捉弄他，以揭示公孙弘的虚伪。面对公孙弘的伪装，东方朔采取了与汲黯完全不同的方式。东方朔作为皇帝身边的侍从，他无法在朝廷上与公孙弘争辩，因此他找到了一个适当的机会，试图削弱公孙弘的威风，提醒他不要过于自以为是。有一次，汉武帝前往疗养胜地甘泉宫，命令文武百官都随行，并特别点名要东方朔也一同前往。甘泉宫只是皇帝的行宫，并没有为文武百官准备住宿用品，因此随行的官员必须自己准备车马和行装。当时，东方朔因被贬为庶人，并没有朝廷提供的车马，也没有经济能力购买自己的车马。于是，他想到了一个计策，决定向最吝啬、最善于装穷的公孙弘借车马。但是，他没有亲自去拜访公孙弘，而是派了一位差役，送去了一封简短的信，信中只有四句话。

朔当从甘泉，愿借外厩之后乘。木槿夕死朝荣，士亦不长贫也。

——《与公孙弘借车书》

大意是说，东方朔即将陪同皇帝出行至甘泉宫，他向公孙丞相求借马匹和额外的车辆（即"后乘"，备用之车）。两句话妙喻了公孙弘假装贫困，揭示出他家中远非只有一马厩，而且多有备用的车。

接下来，东方朔继续深化譬喻，他指出虽然木槿在夜晚枯萎，然而只要清晨的阳光照射，它很快就能恢复鲜艳。这适用于真正的士人，他可能现在不被重视，但他无法永远在低位置游走。此言之一出，旨在表明：尽管我东方朔现今情况惨淡，但一定会有翻身之日。

现实中，公孙弘表面上虚心听从，实则深思熟虑。皇上召见，东方朔需要驾车前往位于长安西北一百里之外的甘泉宫。此次借车让他意识到了东方朔目前的贫困状况，同时，他想到东方朔驾着他的马车出现在皇上面前的时候，正是他展现大度风范之时。不久，公孙弘正好获赠一辆新车和两匹好马，他急切地将旧车送给了东方朔。因此，他回复东方朔一封赞美之信，夸赞他为隐忍的龙，未来一定会腾飞九天。

最后，东方朔在两年内再著《难公孙弘》，南朝的刘勰在《文心雕龙》中高度赞扬了这篇书信"词气盘桓，气韵高古"。公孙弘之后的行为也更加谨慎，避免再次表现出小聪明。

三、巧答武帝

汉武帝元朔五年（前124），至汉武帝元狩二年（前121）或更晚，东方朔38岁至41岁或更晚，此间应作有《答帝自问》和《答帝问才》。

西汉王朝刚刚建立的时候，汉高祖刘邦为了使因战乱而流离失所的农民安定下来，使国民经济得到迅速恢复，便实行了重农抑商的政策，制定法律，压低商人的社会地位，鼓励农民致力于土地耕种。文帝和景帝时期，继续实行这种政策，商人不能随便乘坐华丽的车子，不准穿丝绸衣服，而且国家对他们课以重税。但即使在小农自然经济占主导地位的社会里，手工业和商业的发展也是不可压抑的。经济越发达，人民越富足，就越是需要商业流通。商业经济繁荣与否，可以说是社会经济是否发达繁荣的一个表征。另外，经营商业的巨大利润对人们也有着强大的吸引力。因此随着西汉王朝国家经济的发展，工商业也越来越发达，国家的空前统一也为人们周流运转提供了条件。到文帝末年，商人的势力已经相当强大了。到汉武帝时代，这种情形更加突出。随着商业的发展，全国出现了许多地域经济中心城市，如河南洛阳，河北邯郸，山东定陶、临菑，湖北江陵，四川成都、临邛、广汉等，在当时都十分突出。有许多人为商业的利润所吸引，而放弃世代从事的农业去经商，全国出现了许多大富豪。像司马迁在《史记·货殖列传》中所列举的蜀郡卓氏，即卓文君家，还有程氏，宛（今河南省南阳市）郡的孔氏，鲁（今山东省曲阜市）地的曹邴氏，洛阳的师氏等。关中京师及其附近的富豪更多。这些人对当时社会经济的发展起了不小的推动作用，也为国家提供了大量的税收。但是，对于工商之民的社会地位及作用，当时人们的认识却有极大的差别。皇帝和政府官僚大多从可以眼见的国家利益出发，企图压制工商业的发展，使人们重新回到土地上去而便于统治，以期使社会更加安定。有识之士却认为工商为社会所必需，农业不搞好则人民缺乏粮食，手工业不搞好则人民会器用匮乏，商业不搞好则经济不能流通，国家会变成死水一潭。搞得好，则上可富国，下可富家。"仓廪实而知礼节，衣食足而知荣辱。"司马迁更进一步认为，追求物质财富和生活享受是人的天性，不可抑止。《史记·货殖列传》中提道：《周书》曰：'农不出则乏其食，工不出则乏其事，商不出则三宝绝，虞不出则财匮少。'财匮少而山泽不辟矣。此四者，民所衣食之原也。原大则饶，原小则鲜。上则富国，下则富家。贫富之道，莫之夺予，而巧者有余，拙者不足。"

和当时的大多数人一样，东方朔认为农业是"本"业，而工商业是"末"业，他认为国家的安定和富足的基础在于农业。如果从事工商业的人太多了，不仅会影响农业的发展，而且会影响社会的安定，危及王朝的统治。所以，他主张压制工商业，使天下的百姓重新回到土地上去，在位的统治者应当"重本轻末"。当时，关于是否鼓励工商业发展的争论十分激烈，汉朝中央政府长期不知所以。汉武帝在世的时候，虽然为了增加税收而实行过一些重大的打击工商业的政策，如盐铁官营，中央政府统一铸币权等，但到了汉昭帝时期，这种争论仍在继续。

有一次，汉武帝问东方朔："我想使天下的百姓弃末归本，使天下大治，你有没有什么好主意？"东方朔回答说："古代的尧、舜、禹、汤、文、武、成、康等圣明君主在世时的事情，因年代久远，经历了几千年，为臣也不敢乱说。臣为陛下讲一下近世孝文皇帝在世的时候，年龄大一些的老人们所曾经历过和见过的事。孝文皇帝贵为天子，富有四海，却身上只穿黑色的厚缯，脚上穿着未经糅制的生皮做成的鞋，身上带的剑和围腰的带子都不加装饰。床上铺的是蒲草席子，也不大造兵器，挂在墙上的兵器连刃都不开，像木头制的一样。冬天穿的袍子里面装的是乱絮，外面也没什么纹彩。殿中挂的帷幔，是用大臣们上书时装竹木简的布袋子聚合起来缝制而成。天下的人民受了孝文皇帝的导引，以他为表率，望风成俗，举国上下都勤俭节约。

"如今，长安周回 70 里，陛下还嫌它小，又在长安城外修起建章宫，宫门口建起高大的双阙，左号凤阙，右号神明，建章宫的规模之大，号称千门万户，数都数不过来。宫里的墙上和建筑上都蒙着丝绸锦绣，宫里的狗和马都披着五彩的丝绸，睡着精美的毛毡。宫女的头上装饰着从远方海外运来的玳瑁，耳朵上悬垂着珠玉、宝石。宫中还设有游乐场，设有戏车、以教驰逐。不但所有的器用都雕饰以纹彩，而且还聚集了无数的珍异宝物。要听音乐，撞的是万石重的大钟，鼓声响起来，就像天上打雷一样。陛下的眼前，不但有美丽妖冶的歌伎随时在翩翩起舞，而且身旁左右还有专门为陛下开心取乐的俳优。

"身为君主，在普天下人民之上，如此奢侈浪费，靡丽无极，而想使天下的人民不求奢侈而去务农，实在是太困难了。陛下如果能够听从为臣的话，在四通八达的大道上焚烧掉那些装饰着珠玉的宝帐，将千里宝马和名犬都弄到皇宫外面去以示不再玩乐，则像尧、舜时代那样的天下大治还是不难达到的。

"《周易》说：'正其本，万事理。失之毫厘，谬以千里。'要想代治天下，唯有正本清源。请陛下垂意省察为臣的话。"

汉武帝因为东方朔口舌伶俐，机变百出，也经常故意干一些事情让东方朔知道，也经常故意问东方朔一些问题，让他回答。

有一次，汉武帝问东方朔："先生，你说我是个什么样的君主呢？"这个问题自然不好回答。说他不好，可能使汉武帝恼怒；说他好，却又常常是违心之论。一般的大臣听了这句话，大都赶紧奉承阿谀，生怕有说得不够好的地方。东方朔却不然，像以往日常闲谈一样，东方朔的回答是诙谐的、半开玩笑式的。他说：

"要说陛下治理天下的隆盛祥和，即使上古的唐尧、虞舜之隆，西周初年最有名的'成康之治'，也不足以用来比喻当世。为臣仔细观察比较陛下的功德，与古代的圣明之君相比较，臣以为陛下尚且在尧、舜、禹、黄帝、炎帝等五帝之上，也在成汤、文王等三王之上。而且，还不仅仅止于此。

"如果陛下能招揽提拔天下的贤人才士，则陛下朝廷中的公卿大臣每个位子都可以有一个非常适当的人选。比如说，以周公、召公为丞相，总管天下大事；以孔丘为御史大夫，掌管国家的制度文章；以姜太公为将军，指挥军队行军打仗；毕公高在朝中拾遗补阙，纠正陛下和朝臣的小错误；以勇敢无敌的弁严子为卫尉，负责皇宫的保卫和禁卫军的指挥；以皋陶为大理，确立制度，出谋划策；以后稷为司农，掌管农业生产；以伊尹为少府，掌管宫内膳食；让善于辩说的子赣负责出使外国；让德行优良的颜回、闵子骞为博士，掌管经学图书；以子夏为太常，掌管天下之文章；以益为右扶风尹，掌管陛下的园囿；以子路为执金吾，让他率人在前面替陛下开道；让契当大鸿胪，掌管天下的诸侯；以关龙逢为宗正，为陛下直谏纠错；以伯夷为京兆尹，掌管朝廷的庙祭郊祀之礼；以管仲为冯翊尹，定关中之民，致天子于圣明；以鲁班为将作大臣，负责为陛下修建宫殿园林；以仲山甫为光禄大夫，主持朝廷的谏政，柔亦不茹，刚亦不吐；以申伯为太仆，亲自为陛下驾车；以延陵季子为水衡都尉，主管陛下的陂林园池；以百里奚为典属国，他通晓异国风情，可以专门负责接待远方来朝见大汉天朝的使者；以贞洁不贰的柳下惠为大长秋，专门负责服侍陛下的皇后和后宫妃嫔；以史鱼为司直，执行君命，贯彻到底；以遽伯玉为大傅，辅导陛下以减少陛下的过错；以孔父为詹事，让他正色而立于朝中，威风凛凛，上朝的人没有一个敢有邪念；以孙叔敖为诸侯相，以子产为郡守，发挥他们善于治理地方的才干；以王子庆忌为期门郎，一夫当关，万夫莫入；以夏育为鼎官，让他在殿前为陛下表演举鼎；以后羿为旄头，立于车前护卫乘舆；以宋万为式道侯，为陛下引驾开路。"

汉武帝听了，哈哈大笑。东方朔所列举的人物，都是古代的名君名臣。如周公旦和召公奭，在西周初年辅助成王，安定天下，当丞相自然再合适不过。孔丘可以做掌管国家制度文章的御史大夫。姜太公是率领周族军队灭商的元帅，精通兵法，所向无敌，自然适合当将军。后稷是周人的始祖，传说是农业的创始人，当然适合管农业。伊尹在当成汤的宰相之前善于烹调之术，常称治理天下就像炒一盘小菜一样。鲁班即公输班，战国时代著名的巧匠，他不但主持修建了许多精美的建筑，还曾经用木头削制飞鸢，在天上飞了三天才下来，那简直是世界上最早的飞行器了。百里奚是春秋时期秦国的大夫，通晓西戎风俗，帮助秦穆公灭国三十，遂使秦国称霸西戎。延陵季子即春秋晚期吴国的公子季札，生长于吴国的江南水乡，所以适合主持修造陂池园林。孙叔敖是春秋时期楚国的名卿，辅佐楚王，将楚国治理得很好，孙叔敖死后，楚国人民十分怀念他。子产是春秋晚期郑国的执政大夫，不仅善于辞令，而且善于治国，执政 20 年，诸侯都不敢侵犯郑国。后羿是传说中原始社会末期东夷部族的部落首领，善于射箭，百步穿杨。民间还传说尧帝在世的时候，天上出现了十个太阳，烤死庄稼，热死禽畜，民不聊生。尧命羿以长弓向天射日，射掉了其中的九个，只剩下今天这唯一的一个太阳。宋万是春秋时期宋闵公的大夫，勇力过人，徒手杀人如儿戏。东方朔以古人喻今，一方面讽刺汉武帝朝中的大臣无能，另一方面确实让人听来十分滑稽。

实际上，当时的西汉朝廷中还是有不少有才干的人物的。有汉一代，得人才之盛，没有超过汉武帝的，这自然是武帝招揽英才的结果。所以，有一次汉武帝又问东方朔："如今我大汉的朝廷中，算得上杰出人才的，有丞相公孙弘，兒宽；董仲舒、夏侯始昌、司马相如、吾丘寿王、主父偃、朱买臣、庄助、汲黯、膠仓、终军、严安、徐乐、司马迁等人，这些人都能言善辩，文采华瞻，先生自己与这些人相比较，有什么地方可以长过他们呢？"东方朔应声回答道："我看他们都掀牙露缝，颊骨高耸，缩头缩脑，精神不振，连路都走不好。臣东方朔虽然不怎么样，但一个人还可以顶他们好几个。"汉武帝听了，又被逗得直笑。他明白，东方朔说话喜欢夸张，不是存心攻击，诙谐之中，透露出一股凛然正气。

东方朔在汉武帝身边，虽然谈笑诙谐，妙语连珠，但他不忘自己的职责，时时察言观色，对汉武帝的不当之处直言不讳、恳切劝谏，只要他说得有理，汉武帝还是会经常予以采纳的。在当时的朝廷大臣中，除了汲黯之外，没有人在直言切谏方面比东方朔更好。至于那些俯首帖耳，只知一味服从汉武帝的旨意，浑身连点骨头都没有的大臣，东方朔内心瞧不起他们，不但傲视他们，而且经常嘲笑戏弄他们。那些人知道汉武帝比较喜欢、器重东方朔，因而，对他也无可奈何。

四、献言献策

据《太平御览》载：武帝时，上林献枣，上以所持杖击未央前殿槛，呼朔曰："叱叱！先生束束！先生知此筐中何等物也？"朔曰："上林献枣四十九枚。"上曰："何以知之？"朔曰："呼朔者，上也。以杖击槛，两木，林也。束束者，枣也。叱叱者，四十九也。""束束"二字叠加，是繁体"枣"字。上大笑，帝赐帛十匹。

东方朔又拜道："万岁有隐语，臣也有一隐语。"

汉武帝笑道："爱卿有何隐语？"

东方朔说："南山有虎，常舞花间；山边狼烟，不知祸福？"说毕，笑问汉武帝，"万岁可知何也？"

汉武帝闻言，思谋良久，笑道："虎为兽中王，何惧狼烟之猖狂。先生有何等军情相报吗？"

东方朔毫不犹豫地向汉武帝呈献了一份向匈奴发动攻击的奏疏，汉武帝挥手示意让所有的宫女和美人离去。奏疏上面是这样描述的："臣了解到，愤怒可以颠覆道德，兵器可以导致灾难。秦始皇吞并了六国，追求胜利的欲望无法停止，他曾想利用全国的中年男子强攻匈奴，开疆拓土千里，多年来国内并未发生战争……现在匈奴侵犯上谷，我们应该动员所有力量去对抗他们……如果匈奴不被消灭，我们的边疆就无法安宁……"

汉武帝阅读完毕，"砰"的一声砸向桌子，赞同说："先生的观点非常好。我想知道，谁来带领军队去打这个战争会更好？"

东方朔回答说："臣认为卫青和李广都非常适合。"

汉武帝轻轻摇了摇头，说："李广年事已高。"对于卫青是否有胜任率领军队的能力，他有些疑虑，问道："卫青是子夫的弟弟，只是个守卫，他怎么能带兵？"

东方朔意识到皇上可能误以为他只是为了讨好卫子夫，立刻笑着解释："卫青经常刻苦练习武艺，深入阅读兵法战策，我经常和他交往，知道这个人精明勇猛，因此推荐他。"

汉武帝在深思之后点了点头，然后赞赏地说道："先生的话，朕定当深记，且明日朝廷上再详细商议吧！"他的话音一落，又立刻呼唤在殿外候命的众宫娥回来，然后转向东方朔，面带微笑地问道："听说先生的酒量非常大，不知先生的酒量究竟是多少才会喝醉呢？"

东方朔从容地回答道："臣的酒量如同臣的言辞一样大，可以说是无穷无尽的。"汉武帝闻言不由得愣住，惊讶地问道："先生这话是什么意思？既然一斗酒已经让先生醉了，又怎么能喝得下一石酒呢？"东方朔微笑着回答道："臣如果在陛下面前喝酒，旁边有公正严明的官员在监督，后面有熟悉法律的御史在跟随，臣心怀畏惧，生怕因为举止不慎而触犯了法律，所以，只敢低着头喝酒，所以喝一斗酒就会喝醉。但如果在尊贵的客人面前喝酒，臣就会舒展衣袖，恭敬地下跪，尽心侍奉客人。客人不时把剩余的酒赏赐给臣喝，臣多次起身走动，喝不过两斗酒就会醉了。如果遇到多日不见的知己，大家无话不说，无话不谈，一边倾吐私情一边喝酒，喝五六斗酒就会醉了。如果是州间集会，男女混杂地坐在一起，边谈边喝，又可行令划拳，称兄道弟，互相招呼，即使摸了女人的手也不受惩罚，眼睛直瞪着她们也不被禁止，前有丢失的耳环，后有丢失的簪子，臣心中一痛快，能喝下八斗酒才有醉意。等到日落西山，男女同席，大家紧紧挨着坐，鞋子也互相错杂，杯盘纵横散乱；堂上的蜡烛就要燃尽，把客人全都送走，主人留下臣一个，让那陪酒的女子解开罗衫，一股股香气缭绕在臣的面前，这时候，臣一高兴，就能喝下一石酒了。"

宫娥和美人们听完后，都忍不住轻声笑了起来。

然而，汉武帝只是苦笑无言以对。毕竟他不是平庸之辈，从小就广泛阅读，他清楚地意识到，这是东方朔在借用淳于髡以巧言劝诫齐王的历史事例，向他提出谏言。

东方朔紧接着奏道："臣以为饮酒过度必定要乱，酒色过度必定生悲，悲则衰败。"

汉武帝脸阴沉下来，久而不语。

稍停片刻，东方朔又进肺腑之言道："臣本布衣，药石于厌次村野，苟全性命于太平盛世，不求出仕封侯，然万岁雄才大略，召天下贤才治国，兴大汉万里山河，臣为皇恩所感，欲报效天下父老，故上简三千。万岁不弃愚臣，召至皇宫。臣实感激泣涕，日夜不安，总想报效皇恩。臣自幼博览群书，药石、医术也略知一二。臣知精气为人之聪明、寿之精灵，又闻酒是败业根苗，色为刮骨钢刀。夫有限之体，而投入于无尽之欲，江河有竭，日月有竭，何道人乎？臣曾闻，商纣王醉于酒色而亡于妲己，夏桀死于妹喜，晋乱于骊姬，前人之鉴，万不忘记。臣蕞尔微躯，尽其肺腑之言，唯望陛下贵体久安。臣罔知忌讳，上逆天颜，罪该万死。"

东方朔说毕，欲俯伏下拜。汉武帝令罢起，喟然叹息道："朕久未向先生请教，今日受益匪浅。先生所言虽可赞也，但酒色乃人之大欲，神尊皆不拒之，何言人之天子也！君子不闻黄帝也有妻子，大神亦有小仙者矣？呵呵，难、难、难啊！"

东方朔听罢，不由得内心长叹："忠言逆耳，良药苦口，酒色惑人……"

第七章

儒道守关

一、智辩驺牙

汉武帝元狩元年（前122），东方朔已年满40岁。在这一年，他巧妙辩驳驺牙，预言远方归顺。接下来的年份，匈奴的混邪王投降了汉武帝，汉武帝因此大力奖励了东方朔。

在长安城建章宫的后侧廊梁下，出现了一只异常的动物，外形略似麋，但无法确切地说出它的名称。汉代司马迁《史记·滑稽列传》记载："建章宫后阁重栎中有物出焉，其状似麋。以闻，武帝往临视之。问左右群臣习事通经术者，莫能知……于是朔乃肯言，曰：'所谓驺牙者也。远方当来归义，而驺牙先见。其齿前后若一，齐等无牙，故谓之驺牙。'"明代归有光《题异兽图》诗："呜呼，孰谓解衣盘礴称良吏，不识驺牙与麟趾。"清代鄂尔泰《赠方望溪》诗："《博物》但解辨鼮鼠，《搜神》或诧名驺牙。"听闻长安建章宫出现了神秘生物，官员们向汉武帝汇报，汉武帝近身察看并询问身边人，无人能确定那是什么生物。汉武帝随后派人找来东方朔，东方朔到达后看了一眼，告诉汉武帝他知道这动物的名字，但要求享用一桌美酒和美食，汉武帝欣然答应。过了一会儿，东方朔再次提出要求，要求陛下将某公田渔池的土地赠给他，以便他公布这生物的名字。汉武帝急于知道答案，于是再一次答应了。东方朔最后揭晓："那是驺牙。它预示着远方的国家将归顺皇权。这种生物的前、后牙大小一致，就像没长牙一样，由此命名为驺牙。"

元狩二年（前121），霍去病攻破陇西，俘虏了浑邪王子及相国、都尉。匈奴单于想要杀浑邪王。浑邪王和休屠王等便顺势投降汉朝，共4万余人，号称10万，这实现了东方朔的预言。为了犒赏他的智慧和预见，汉武帝再次给予他丰富的赏赐。

这次事件是我国古代历史上对驺牙最早的记录，即使后代有人找到像"仙鹿"这样的生物象征"吉祥"，借此升官发财，但他们的运气并不一定像东方朔那么好，甚至有些人因此被陷害而招致死亡。

二、击匈奴献策

卫青是在东方朔的推荐下被任命为边疆的守备将领，随后在一连串的战役中获胜，最后被提拔为大将军，这样的荣誉让人感到难以置信。他的成长并非一帆风顺，小时候他是个放牧的孩子，饱受生活的艰辛。长大后，他在平阳公主的府邸做起了牵马的奴隶，后因为姐姐卫子夫得到皇帝的宠爱，他也逐渐进入了汉武帝的视野。伴着奏乐、茶宴的热闹气氛，战胜回归的卫青一进入府邸，整个府邸顿时欢腾起来。彼时的卫青，做着马夫的他形象憨厚，举止恭顺，衣衫不整；时至今日，他已壮志凌人，一身戎装，英武无比。

没多久，卫青和平阳公主喜结连理。婚礼那天，雅乐飘扬，将军府装饰得五彩斑斓，客人们络绎不绝，上下欢喜，众人纷纷表示祝贺。然而，在这个时候，边境却传来紧急消息，匈奴王率领军队再次发难，进犯代地，攻击雁门，掠夺定襄上郡。

听到这个报告，汉武帝震怒。他立即召集主要军队首领到未央宫，慷慨激昂地说："朕自纳谏东方朔抗击匈奴奏章以来，与匈奴决战数十次之多，卫将军率军已将匈奴击之溃不成军。不意匈奴近又死灰复燃，掠杀我边塞百姓。匈奴不灭，我大汉难得安宁！朕将派天下将士，跨越大沙漠，彻底击败匈奴！请众卿献朕良谋！"

整个朝廷的文臣武将们陆续提出打击匈奴的好策略。赵信，原本是匈奴的小王，他归降汉朝后封为翕侯，他主张在前方设伏，后方派大军追击。而合骑侯公孙敖认为匈奴人未曾接触过兵法，他提出设下八卦阵，诱敌深入。飞将军李广另有主张，他提议用小分队进行突击，尽快猛烈攻杀。骠骑将军霍去病的看法与李广相同，同样认为应该突然进攻，使用轻骑兵行动。朝廷内的议论纷纷，大将军卫青却一直未开口，他静等皇上的旨意。

汉武帝心中明白，此事牵涉甚重，需要谨慎地选择。他暂时无法决定如何应对，他看向不远处的东方朔，只见他兴奋的眼神闪烁，满脸笑容，似乎拿定主意，汉武帝毫不犹豫地向他示意，说："东方先生，有何良策教朕？"

东方朔立即立身拜道："万岁，臣以为从秦以来，匈奴这个游牧部族凭着能骑善射，不断给我大汉造成威胁，掠我财产，杀我百姓，确如万岁所言，匈奴不灭，大汉难以久安。但臣以为如根除匈奴之患，须用两把剑斩之。"

东方朔的一番话，让全场哗然。他自信满满地解释说："我所说的两把剑是指文化和武力。对于'文剑'，即是先派遣使者与四面八方的国家结好，安抚南方的夷越，结识西南的夜郎，稳固东方的高句丽、扶桑，联络西面的月氏、乌孙、大宛等国，让匈奴左右不便；至于'武剑'，则集结全国的精英部队，一队从上谷出发，一队在代地集结，一队从云中启程，一队由雁门出征。"

汉武帝在听到这个策略后，赞赏有加，于是下令让田千秋丞相派人到匈奴周边的所有国家，同时也命令卫青将带领分成四路的大军直接打到匈奴的中心。卫青立即组织并分布四路军队：骠骑将军霍去病负责上谷方向，合骑侯公孙敖负责代地方向，车骑将军公孙贺负责云中方向，骁骑将军李广负责雁门方向。四路军队各就各位，预备选择吉日进行誓师启动。而东方朔也看准了此时的机会，希望能随军一同出征匈奴，以此立下汗马功劳，获得封侯升级的机会，否则，等待他有所作为的机会可能少之又少。他向卫青拜道："大将军，朔愿随帐下出征，不知意下如何？"

卫青一直对东方朔深表敬佩，他知道东方朔是当时一位才华出众的文武双全的人才。卫青想让东方朔留在自己的军帐中，但又觉得这个人不易掌控。正当他陷入思考之际，他的外甥、骠骑将军霍去病突然发言道："东方先生，疆场上是刀光剑影，生死拼杀，非同射覆、猜谜、写文章一类之雕虫小技。军法如山，岂能儿戏？"

卫青见霍去病之言有不逊之意，然说出的话如泼出的水，言以至此，不便收回，随即笑道："先生之才，本帅常视为张良转世，可运筹帷幄，决胜千里。如能求得先生佐助，可谓是一大幸事。只是先生出征须得万岁旨意，今各部职已满，再等下次如何？"

东方朔听到霍去病的言论，顿时怒火中烧。他心想，霍去病不过是个年轻的小辈，只凭借他舅父的赏识和几次胜利，就被封为骠骑将军，如今目中无人，肆意忘形！作为朝廷上有名的辩士，我怎能容许这个小辈的侮辱。然而，在听到卫青的委婉辩解后，东方朔心中念及这两人在朝廷的权势，小不忍则乱大谋，他只能冷笑一声，说道："将军听说过干将和莫邪这对天下无敌的利剑吗？水可断鸿雁，陆可断牛马，这些都不如一文之锥。骐骥、绿耳、蜚鸿、骅骝，都是天下的良马，但将它们用于深宫中捕鼠，也不如一只跛脚的猫。不知将军明白吗？"

卫青向东方朔道了个歉意的微笑，说："先生息怒，小辈无知，还请见谅。我有军情要务，先告辞了。"霍去病不服气地随着舅父骑马离去。东方朔原本还有一件事要告诉卫青，但看到他如此傲慢，自己只得郁闷地回府了。

这便是汉武帝元狩四年（前119）至汉武帝元狩六年（前117），东方朔43岁到45岁作的《答骠骑难》，文章收录于《东方大中集》，《汉书·霍去病传》也可窥见此事：

随着卫青率领大汉天下的军队，分成四路直冲匈奴。他们浩浩荡荡，无可阻挡地攻破了许多匈奴的据点，斩杀了成千上万的敌人。各路将士勇猛异常，很快深入沙漠的北方。胜利的消息不断传至长安，朝廷上的文武官员无不欢欣鼓舞，唯独东方朔默不作声。

汲黯，朝廷上备受尊重的太中大夫，注意到东方朔最近情绪低落，便问道："先生，您为何整天郁郁寡欢？"

东方朔黯然回答："我担心塞外的那几十万将士的生命啊……"

汲黯作为一名忠诚的国家仆人，听后不禁一愣。他意识到东方朔话中有话，便追问道："出了何事？既然您知道，为何不救援？"

东方朔只是摇头不作答。

汲黯想再追问，但东方朔只是用手指向天空。

汲黯是个正直的人，世代在朝居官，说话直截了当，甚至令皇帝有些胆怯，但他对东方朔抱有敬意。他看到东方朔指向天空，顿时心领神会，不再多问。

没过多久，边塞的卫青确实派霍去病回长安求援。狂风刮了连日，飞沙走石，天空被黑云遮蔽。匈奴趁机发动 4 万铁骑的袭击，士兵们无法分辨敌我，相互残杀，数万人已经阵亡。卫青只得用辎重粮草包围军队保护士兵。

汉武帝一听战况，焦急得无法入眠，食欲全无，心急如焚地在宫中来回踱步。大将军卫青的姐姐卫子夫身为皇后，更是焦虑不安，她泪眼汪汪地说："陛下经常提起那个名叫东方朔的智者，为何不召他来问问是否有良策？"

汉武帝一听确实如此，却不知为何忘了召见他求教，于是他立刻下诏宣召东方朔。

不久，东方朔应召而来。向皇上行过礼后，汉武帝让他就座，并问道："卫大将军的军队被困于沙漠北方，狂风肆虐，飞沙走石，难道是匈奴使用了妖法吗？"

东方朔回答道："并非匈奴施展妖法所致，而是一场飓风。陛下无须担忧，再过三五天，飓风就会自行消散。"

汉武帝听后，对东方朔的言辞感到怀疑："你是如何得知这一切的？"

东方朔回答道："我经常观察夜空中的天象。我早已推算出这一切，但骠骑将军认为我只会说些隐晦之言，即使我告诉他，他也不会相信。"

汉武帝沉思了片刻，赞赏地望着东方朔，询问道："爱卿既然知道飓风即将消散，大军已经到了这一地步，我想迅速取得胜利，你有何良策？"

东方朔从怀中取出一卷白帛图，在汉武帝面前展开，说道：

"我这里有一份图纸，请陛下仔细观看。"汉武帝接过图纸，只见上面标识着西域各国如乌孙、大宛、康居等，南方道路如婼羌、楼兰等，北方道路如莎车、疏勒等，还有其他地理位置如大月氏、大夏等，都清晰可见。

汉武帝看得非常高兴，问道："先生从何处得到这宝贵的地图？"东方朔不以为意地回答："我虽然不才，但一直关注边境事务，并与使者建立了深厚的联系，尤其是与博望侯张骞交情深厚。最近闲暇之余，偶然绘制了这幅地图。"

汉武帝微笑着看着东方朔，询问道："先生有何良策教给朕？"东方朔回答道："臣有一计策，名为'率然'阵法。常山有一种蛇，名叫率然，它可以先用头击尾，再用尾击头，最后头尾齐力击中目标。陛下可以派遣一支精锐千人的小股军队，从陇西出发，具有神出鬼没的能力，以迅雷不及掩耳之势，直捣匈奴老巢祁连山和焉支山！一旦匈奴的巢穴受到威胁，他们必然会纷纷倾巢而出来救援，这样可以解救卫青将军的困境。同时，其他大汉军队也可以追击匈奴，与他们展开厮杀。"汉武帝听闻计策后，激动不已，拍案而起："这真是个妙计！朕即刻下旨！"

刚说完，屏风后走出两人，原来是卫皇后和她的外甥霍去病。

霍去病见到东方朔，诚恳地向他道歉："小子之前对先生不敬，请先生恕罪。"东方朔扬起手，微笑着表示不在意。

霍去病向汉武帝行礼道："陛下，我已经了解了先生和您的计策，请您委派这个重要任务给我！"汉武帝端详了一下霍去病，思考片刻后说道："这次行动非同小可，乃是振奋我百万雄师的重要举措，只能成功，不能失败。你跟他人不同，万一有失，我会按照军法处理。"

年轻有为的霍去病回答道："陛下，您放心，如果不立下功绩，我就是罪人。"

此时，卫青正被困在荒漠之中，担心匈奴的浑邪王和休屠王会率领铁骑冲杀而来。忽然，有人报告说："匈奴的4万铁骑已经自行撤退了。"卫青听到消息，既惊又喜，立即命令："迅速查明为何自行撤退，退往何处！"

接着，又有人报告说："骠骑将军霍去病率领千余人马来到边塞。"卫青觉得不太可能，千余人马如何能够驱散4万铁骑？他百思不解之际，霍去病提着一个血淋淋的人头来到帐中。他将人头扔到地上，向卫青行礼道："孩儿来晚了，让舅父担心了。"卫青看到这一幕，喜出望外，赶忙扶起外甥霍去病："孩儿，快告诉我，这个是谁的人头？"

随后，霍去病讲述了如何接受东方朔的计策，率领 800 名轻骑进行奇袭，经过六天的战斗，跨越祁连山和焉支山，深入匈奴腹地千里，杀死了折兰王，斩杀了卢侯王，还俘虏了浑邪王子，并擒获了相国和都尉，最后回到大营。卫青听完后，激动万分，双臂抱住霍去病道："你为大汉立下了不世之功。"卫青命令霍去病将俘虏和战利品送往长安，随后又召集三军追击浑邪王和休屠王！

卫青持续追击，但没有见到敌人的踪迹，于是派出侦察兵四处侦察。突然，侦察兵带来报告称，匈奴正在向祁连山老巢逃窜。于是，卫青指挥军队紧追不舍，分头展开追杀。

与此同时，飞将军李广正在大营中。他左右有博望侯张骞和虎子李敢相助，士气高昂，所向披靡。李广请求卫青让他出任先锋。但卫青因得到汉武帝的悄悄指示，觉得李广年纪已老，不宜独自承担重任，所以没有让李广担任先锋，反而让他率领 4000 名骑兵绕道前进，而由张骞率领 1 万骑兵继续前进，前后相距数十里。

匈奴左贤王得知李广只有 4000 人马，立即集结 4 万铁骑将他团团包围。李广下令士兵布成圆阵，人面朝外，四面防守，胡兵不敢逼近；阵内强弓四射，箭如飞蝗。李广亲自射出名为大黄箭的箭矢，专门射杀胡人，百发百中。

在古代，李广被赞誉为箭术高手，传闻他是一位神人，能够一箭射入石头里。因此，当李广与匈奴作战时，匈奴战士们都非常害怕他，不敢接近。然而，经过一天一夜的激战，李广的4000人马最终难以抵挡4万匈奴军队的压力，李广的士兵伤亡过半，疲劳不堪，个个面无血色。就在这时，张骞率领1万骑兵冲上前来，接应了李广，匈奴军队这才撤退。

这天，卫青率队追击匈奴，行进了数百里后，发现了匈奴的大营。卫青知道匈奴要在此处与他们一决雌雄，于是他扎营在那里，用结实的武刚车围住四周。据传武刚车坚固耐用，有帘子和盖子，可以用作营壁，抵挡刀箭的冲击。卫青派遣5000名精骑前去挑战，匈奴派出1万名骑兵应战。此时已经入夜，突然刮起大风。卫青意识到这是塞外的飓风，而不是匈奴使用的妖法，他暗中策划，利用夜幕将大军分为两翼，左右并进，将匈奴大营包围起来。匈奴单于伊稚斜正在大营中，听到外面的杀声震天，意识到情况不妙，趁夜利用六骡车逃跑了。当卫青率军攻破大营时，才发现匈奴单于早已逃走，无法追及。卫青看到匈奴大营已经被攻破，胡兵四散逃离，于是将大营迁移到赵信城中，士兵们享用了一顿丰盛的饭食，卫青慷慨激昂地奖赏全军，随后带领部队返回朝廷。

正准备全军离城时，张骞和李广带领队伍赶到。卫青当众责备他们："你们迟到了，违背了规定，应该受到处罚。"张骞没有敢提出异议。但李广却反驳道："其实我本不想绕路，这次只因为迂回失道才迟到！"卫青命令李广回朝受罚。李广回到朝廷后面对众人的冷嘲热讽，愤然说道："其他校尉们没有罪过，都是我的失误，罪责完全应由我一个人承担！"说罢，他泪如雨下，然后他面对部下的将士们说："我李广从年轻时起就投身军旅，与匈奴大小进行了 70 多次战斗，从未退过一步。今天我跟随大将军出征匈奴，大将军却让我避开强敌，因为绕路耽误了时间，难道这不是天意吗？我李广已经过了 60 岁，宁愿死在战场上，也不愿向文书官员讨饶求生！各位，永别了……"说完，他竟然拔出剑，自刎而死。

匈奴被击败，卫青回朝后受到了热烈的欢迎。汉武帝亲自率领文武百官在长安城外迎接。同时，汉武帝发布了大赦天下的命令，在长安的八街、九市为期七天的时间停止征税。这一天，鼓乐齐鸣，爆竹震天，整个长安城沉浸在欢乐之中。

在那天，汉武帝在未央宫为这次征战的功臣们逐一授予奖赏：卫青被封为大将军，赐予 5000 户食邑；霍去病升为骠骑将军，封为冠军侯，追加 5000 户食邑。卫青的儿子以及霍去病的副将等人也都得到了封赏。

而可怜的张骞，在这次战役中因为与李广一同迟到而被皇帝判了死罪。

张骞被定罪的消息传出后，朝中上下无不震惊。谁不为这位忠臣的冤情感到不平？司马相如、朱买臣、主父偃、汲黯等重臣纷纷跪地为张骞求情。此时，东方朔恰好在宫廷的一角观察着。他从汉武帝的神态中察觉到，自己在这次功勋名单上并没有出现。尤其是当他听说李广已经自杀身亡时，内心更加不是滋味，他坐在那里似乎有说有唱地自我消遣。突然他听到："张骞——死罪！"不禁站起身，快步走向前去。然而当他走到距离汉武帝近处时，已有许多大臣在为张骞求情了。他看了看为张骞求情的人，再望望汉武帝的脸色，知道张骞得救了，便作罢。

此时，霍去病看到了东方朔，向汉武帝走了过去，禀告道："踏灭匈奴，多亏东方朔先生的谋略。"汉武帝听闻后只点了点头，没有说一句话。霍去病不明所以，走近东方朔，说："东方先生，这次的伟大功绩多亏了你的智谋，我无以为报，前几天闯入浑邪王府时，抢到了一个金人，就送给你作为纪念吧！"霍去病从怀中拿出了一个闪闪发光的金人。

东方朔双手接过金人一看，不禁大惊。这个金人不是普通的金人，而是一个金质的佛像！他曾从张骞的随从堂邑父那里听说，胡王信奉佛教，而佛教徒崇拜佛祖释迦牟尼，佛祖居住在西方天堂。于是，东方朔将这个佛像的事情告诉了霍去病，在场的人无不羡慕，静心聆听东方朔讲解佛法。汉武帝远远看到这一幕，感到十分惊奇，便召唤东方朔上前让他观赏佛像。

汉武帝接过金人一看，感到非常喜爱，问霍去病："你是从哪里得到它的？"霍去病就将他从浑邪王的帐篷中搜到佛像的事情告诉了汉武帝。汉武帝的笑脸突然变得阴沉，霍去病见状连忙行礼后退。

东方朔看到这一情景，赶紧笑着说道："陛下，冠军侯只是让臣辨认一下，陛下喜欢的话，自然是给陛下。"汉武帝觉得有些失态，微笑说道："我拥有着万里江山，又何必在意一件小小的金人呢？"东方朔笑着奏道："陛下，此非同凡品，乃是佛祖释迦牟尼的金像，万金难买。"汉武帝暗自吃了一惊，然后对金人仔细端详起来。东方朔随即奏道："陛下，臣请求用这个金人来赎回张骞。"众人都在讨论金人，欲改变视线和话题之际，东方朔及时提醒，汉武帝意识到民意难以违背，张骞确实是一位功勋卓著的大臣，只是犯了一时的过失，于是下令免除他的死刑，贬为庶民。

东方朔准备出宫时，兴高采烈地唱着小曲儿。其他大臣也纷纷离开宫殿。霍去病困惑地问汉武帝："陛下，我曾听闻舅父称赞东方朔的才能胜过萧何，他能在后方参谋决胜千里之外，胜过张良，他在战场上也能像韩信一样勇猛，为何陛下长时间不重用他呢？"

汉武帝深深叹了口气，摇了摇头，没有回答。然后他挥了挥手，好像在告诉霍去病："你不明白，你可以退下了！"

三、《答骠骑难》

东方朔对那些名声在外，承担重任却存在不少问题的显要人物，从不退让，勇于指出他们的缺点，提醒他们正视自身，不能随心所欲。

霍去病是汉武帝麾下的一位勇猛将领，他的勇武超过他的舅舅卫青，在几次抗击匈奴的战役中，他深入大漠，屡建奇功，俘获了匈奴的休屠王，斩杀了无数敌将；然而，他性格粗暴，偏爱杀戮，既击败了众多敌人，也残害了无辜的匈奴百姓。正因如此，在西北地区，很长时间流传着一首《匈奴歌》：

亡我祁连山，使我六畜不蕃息。失我焉支山，使我妇女无颜色。

霍去病在战胜祁连山和焉支山后，率领胜利的军队、俘获的敌方首领以及大量战利品返回长安，汉武帝对他进行了丰厚的奖赏，并封他为骠骑将军。然而，霍去病年轻气盛，对待同僚毫不重视，对手下的士兵也不关心，司马迁在《史记》中提道："霍去病回师时，车上的肉烂了就扔掉，却任由士兵忍受饥寒的折磨。大军在边境作战时，士兵没有食物，饥饿难以进行战斗，而霍去病却在他的辖区外面玩乐，唱歌、跳舞、踢球，追求欢乐。"汉武帝元狩四年（前119），卫青被任命为大将军，率领大军攻打匈奴。同时，李广被任命为大军的前将军，一同出征。在漠北之战中，由于李广迷失了道路，未能参战，回朝后便自杀。司马迁评价说："桃李不言，下自成蹊。"元狩五年（前118），李广的儿子李敢认为卫青与父亲的死有直接关联，是卫青让他的父亲含恨而死，因此他打伤了卫青。卫青没有公开这件事，但他的外甥霍去病得知后，在甘泉宫进行狩猎时秘密用箭射杀了李敢。由于汉武帝当时特别宠信霍去病，便包庇了他的罪行，并对外宣称李敢是在打猎时被鹿撞死的，使得此事没有进一步追究。自此之后，霍去病更加傲慢自大，甚至连与卫青一起作战的人也纷纷投奔到他的麾下，使得卫青无法控制局面。因为汉武帝特别偏爱霍去病，所有的职位和封号都是汉武帝特意创造给他的。霍去病17岁时第一次出征，汉武帝给他取名"嫖姚"校尉。"嫖"意味着快速和灵活，"姚"意味着美好，正好与他的特点相符。霍嫖姚也成为一则著名典故："借问大将谁，恐是霍嫖姚。"就在霍去病权势日盛之时，东方朔给予他一次教训，该教训被记录在《东方大中集》中。其中几句话如下：

> 干将、莫邪，天下之利剑也，水断鹄雁，陆断马牛；将以补履，曾不如一钱之锥。骐麟、绿耳、蜚鸿、骅骝，天下良马也，将以捕鼠于深宫之中，曾不如跛猫。
>
> ——《答骠骑难》

从这篇文章《答骠骑难》的题目，我们不难看出，这篇文章的源起，是年轻气盛、功绩卓越的霍去病首先向智者东方朔发难。霍去病自恃自己的功劳卓越，不把任何人放在眼里，表现出了极度的自信和自负。东方朔正想寻找机会，给这位年轻气盛的将领一些教训，既然霍去病率先发难，东方朔便回敬道："骠骑将军啊，人人都知道干将、莫邪，是天下最著名的利剑，鸿雁在水上疾飞，那剑能追随将它刺死；陆地上行走的马牛，更是剑起头落，一命呜呼。可是要用来修补鞋子，它们的功用，恐怕还不如只值一文钱的锥子。骐麟、绿耳、蜚鸿、骅骝，都是天下著名的宝马，可以日行千里；但要是拿到深宫里去捉老鼠，它们的本事还比不上一只瘸脚猫吧。"

李昉等人所撰的《太平御览》中说，东方朔告诫霍去病："再美的珍珠、宝石，放在弹弓上打鸟，肯定不如用泥做的弹丸子。"大概意思就是说万物自有其用。"以珠弹不如泥丸，各有所用也。"

东方朔的言辞蕴含了深层意义：每个人都有自己的优点和缺点，即使是那些有才能的人也不例外；即使是看似不起眼的东西，也有其用处，不要因为取得了几次胜利就自负过度，而忽视对全世界的尊重。关于霍去病是否听从这一教诲、是否悔过，史书上没有明确记录。事实上，霍去病过于冲动，不懂得收敛，没有珍惜士兵的生命，也没有保护自己。如果他能像东方朔所说的那样，尊重他人、珍惜生命，或许他自己在 27 岁时就不会过世，还能为大汉建立更多的功勋。

东方朔不畏权贵，敢于与自视甚高的霍去病争论，并给予他教诲。同时，他对年轻有为的霍去病爱护有加，因此以苦口婆心、生动的比喻来引导他，希望能完善他的品格。东方朔比霍去病年长20多岁，完全可以对他进行说教，严肃训斥、嘲讽挖苦，但他却像朋友一样，巧妙地引导，让霍去病明白自己的不足并懂得做人之道。这才是真正的良师益友，也是关心后一代成长的良好前辈。

四、千古诤友

东方朔不论是对待权贵还是对待位高权重的宰相，总是能够折服和说服他们。当汉武帝做出与其"千古一帝"不符的决策时，东方朔的做法只有一个字："诤。"他会直言进谏，以辩论的方式表达自己的观点。这种敢于在皇帝面前坦率辩论的大臣，被称作"诤臣"。在汉代，学者刘向在谈到《臣术》时，对此进行了总结。他说："有才能的臣子，在君主面前言无不尽，君主听信他的话，就留下继续效忠；君主听不进去，就请求辞职，这就叫直言进'谏'。到了关键的时候，臣子的话被用了，就继续活着；不被信用，就舍生取义。"刘向的主张是，只有那些敢于舍弃性命的人才能被称为真正的"诤臣"。东方朔不仅擅长判断时机和形势，还善于创造一种氛围。他认为既然要进行"诤谏"，就要以实际行动取得结果。他并不满足于只成为一个为了真理而舍身相争的"诤臣",而是将汉武帝视为自己的朋友。在关键时刻,他不仅用言辞争论,还像对待好朋友一样,通过实际行动来阻止汉武帝的不当行为。

正因为东方朔的行为如此,后人总结出六个字:"戏万乘若寮友。"其中,"万乘"指的是拥有车驾万乘的皇帝,"寮"则是茅草屋,"寮友"就是茅草棚里的朋友,也可以理解为从童年时期就一起成长的好友。"戏万乘若寮友"的意思是,东方朔能够与汉武帝形成一种亲密关系,就像是朋友一样。汉武帝渴望自由,厌恶被束缚,但太皇太后的压制、皇太后的干预,以及身边大臣的掣肘、太监和近臣的监视,特别是他想成为"千古一帝"的梦想,无时无刻不在限制着他的天性。东方朔的存在给汉武帝提供了一种解脱,他好像看到自己的影子在行动,因此心灵得到一定程度的满足。因此,汉武帝自然而然地流露出对东方朔的羡慕,并对他加以赞许、鼓励、纵容和保护。当东方朔不顾世俗的批评,做出一些看似怪异的举动时,汉武帝就像东方朔的知心朋友,对他加以纵容和保护。然而,一旦君臣之间出现不同的见解时,东方朔会立即从志同道合的臣子变为直言进谏的人,从幽默风趣的良师变为循循善诱的诤友。

第八章

心系苍生

一、起柏梁台

汉武帝元鼎二年（前 115），东方朔已经 47 岁。那一年，汉武帝兴建了柏梁台，用香柏木做成殿，十里之内都能闻到香气。据推测，东方朔的《屏风》和《殿上柏柱》可能都是描写香柏之柱的。

这个时期，由于汉武帝实施了盐铁官营和采取了"算缗告缗钱"等措施，朝廷的财政状况得到了明显改善，国家财富大幅增加。其中，"算缗"是国家向商人征收的一种财产税，目的是将大工商业主和高利贷者从农民身上剥夺的财物归入国有，它是历史上规模最大的抑制商业的运动之一；而"告缗"是针对商人隐瞒财产、逃避税款的强制措施。通过实施算缗和告缗措施，国家的财政收入增加，土地兼并问题得到一定缓解，为汉武帝解决内忧外患提供了物质保证。没收来的财物已经堆积成山，上林苑也因此进行了扩建。

《史记·平准书》：汉武帝元鼎二年，"是时，越欲与汉用船战逐，乃大修昆明池，列观环之。治楼船，高十余丈，旗帜加其上，甚壮。天子感之，乃作柏梁台，高数十丈。宫室之修，由此日丽"。柏梁台作为汉长安城进入大规模建设的标志和见证，它的诞生意义重大，影响深远。只有把柏梁台"安排"在靠近西城墙的地方，才最适合俯瞰上林苑的草长莺飞、兔走狗逐，才最适合登高远眺长安城西南昆明池上的壮观景象。若将高台建在"北阙内"的话，人的视线就被坐落在龙首山上的前殿挡住了，失却了"天子感之，乃作柏梁台"的本意。何况北阙内再建台，有无"重复建设"之嫌呢？当时未央宫西南是一片辽阔水域——沧池，使台不能再向南建。看来，要足不出宫而使上林壮景尽收眼底，这一位置得天独厚。

11年后，汉武帝太初元年（前104）《史记·孝武本纪》载："十一月乙酉，柏梁灾。"《汉书》载："十一月乙酉，未央宫柏梁台灾。先是大风发其屋。"柏梁台上的殿宇随着一场突如其来的大火灰飞烟灭了，惟余高台独耸。这一场大火如同来自地狱的恶魔，冷酷无情地吞噬了柏梁台上的雄伟壮丽的宏大建筑，它的每一个细节都在火焰中燃烧殆尽，只剩下一片残垣断壁。然而，就在这场灾难性的火灾中，一个宏大壮丽的巨制——建章宫却如同凤凰涅槃般横空出世，犹如一道辉煌的黎明之光照亮了未央宫的上空，使它的地位与影响力在汉朝历史上达到了前所未有的高峰。在这场大火的洗礼下，汉朝的统治者汉武帝终于有了一次大展鸿猷的机会，让他心中藏匿已久的梦想得以提前出炉，成为了他的最大成就。他将建章宫作为自己的新王宫，以此为起点，开始了一个崭新的纪元，将汉朝推向了一个新的巅峰。

二、谏阻求仙

元封元年（前110），东方朔已然52岁。在这一年中，他陪同着雄心壮志的汉武帝一同踏上了封泰山的旅途，并在这个过程中撰写了一篇脍炙人口的《封泰山》。这篇文章不仅仅是对泰山的赞美，更是寄寓着东方朔对当时汉武帝的进谏之意。在这篇文章中，他对汉武帝计划赴海求仙的行为，用委婉、含蓄的语言进行了谏止，以期能够阻止汉武帝的这次冒险的行动。

汉武帝为了显示他的文治武功，于元封元年（前110）下诏东巡泰山。三月，汉武帝"东上泰山，泰山之草木叶未生，乃令人上石立之泰山巅"。汉武帝封禅泰山之后，方士们说蓬莱神仙似乎可得，于是汉武帝怀着侥幸心理欣然前往，东巡海上，想要在海上寻找蓬莱仙人。群臣皆谏阻，东方朔上谏道："夫仙者，得之自然，不必躁求。若其有道，不忧不得；若其无道，虽至蓬莱见仙人，亦无益也。"（《资治通鉴》）

东方朔提出："臣有一事，但不敢言。"汉武帝宽容地说："兼听则明，先生请说无妨。"东方朔恭敬地回答："昔日秦始皇寻求长生不老之药，寻觅多年未果。后来他派遣术士徐福前往东海寻找，并带了500名童男和500名童女，但再未返回。秦王大为愤怒，虽然派遣人四海搜寻多年，结果如同泥牛入海，杳无消息。这不仅耗费了大量民力财富，也成为后世的笑柄。据说扶桑国即为徐福所带男女后裔繁衍而来。臣推算此次东海寻仙行动，恐怕也是一场徒劳的耗费民力财富，如竹篮打水一场空。"

汉武帝听到这些言论，仿佛头上被泼了一盆凉水，不由得倒吸了一口冷气。他如今最怕的就是在东海找不到仙人，如果带着18万军队、3000位方士的庞大求仙队伍，耗费巨额金钱，如此虔诚地寻求仙人却无所获，他还能有何办法？若连万能的神仙都见不到，又该去哪里寻找长生不老之药呢？出行前，他找遍了多少方士、阴阳家和卜士，都预言此次行动会带来吉祥和好运，上苍必定降福于他。现在已经接近海边，这位异类之士却偏偏说出了不吉利的话。汉武帝不禁皱起了眉头，后悔召他过来。他愤怒地瞪视着东方朔，喝令左右："把东方朔给我拿下！"

东方朔闻命，迅速滚下马来下跪道："实在是我说了不该说的话。陛下说兼听则明，我就毫不犹豫地说出了真情，如今您责怪我，我真是罪该万死！请陛下宽恕。"

汉武帝听到东方朔如此说，心想他说得也有道理，作为帝王，岂能反悔？他的杀气顿时消散了。然而，他仍然把东方朔当作教训，扔给他一顶冰凉而硬如铁的忧愁帽子，说道："朕对上天的敬重如此之深，怎么不能得到上天的感动呢？你说出了不吉利的话，朕就命你去寻找仙人。三天之内，如果能找到仙人，速速奏知朕，就此罢了。如果找不到仙人，那肯定是你们这些不吉利之言所致，朕定要追究责任！"说完，汉武帝板着一张严肃的脸，催马向前，对跪在地上的东方朔"哼"了一声，不再理会他。

龙辇继续前进，原本停滞的求仙队伍重新动了起来。

众人避开了跪在地上的东方朔，继续向前行进。几个大臣和侍从看着还在长时间跪地不起的东方朔议论纷纷。当他们到达海边时，汉武帝立即登上"接仙台"，焚香、献供，祭天日夜不停。然而，连续守候了六七个日夜，却始终没有见到神仙的踪影。这时，汉武帝内心再次抱怨起东方朔来，于是命令公孙弘去看看东方朔的情况。

公孙弘本来就和东方朔不对付，当他看到东方朔实际上并未寻找仙人，而是在海边垂钓时，立刻返回向汉武帝报告。他大肆渲染事实，汇报了一番。汉武帝立刻震怒，命令公孙弘带人将东方朔押来。

汉武帝见到东方朔就责问他："朕命你去寻找神仙，你是否找到了？"

东方朔回答道："陛下，我的确找到了。我认为帝王就是天上的帝王星降世，陛下本人就是神仙，何必四处寻找呢？"

汉武帝一愣，然后笑了起来。他指着东方朔说道："哈哈，你啊！对！朕就是活神仙！你所说的完全正确！"

公孙弘见东方朔的处境得以改善，便表示自己知道神仙的住所。于是，汉武帝命令公孙弘率领部队前去拜访神仙。公孙弘到达东莱地区后，飞快地回报汉武帝："我在夜间见到了一位巨人，身高数丈，但当我靠近时却突然刮起大风，他消失无踪。"还有几个官员纷纷附和："我们也见到了一位白发老翁，手牵着一只大白狗，他说要见陛下。我们正要前去询问他的尊姓大名，但突然间他就消失了。"

汉武帝深思熟虑，众人的描述相似，应该并非虚构，这很可能出现的就是真正的仙人。于是他下令迅速赶往海边，并派出几千人四处寻求与神仙相会。

元封元年（前110）四月，汉武帝在海边修建了一座名为仙台的高台，大臣们保驾护航，数千道士念咒祭祀，恭候神仙的到来。然而，数日过去了，神仙依然未现身。汉武帝感到心烦意乱，无法再抑制对长生不老之药的渴望。他不顾大臣们的劝谏，亲自率领大批船只，冒着海风呼啸、阴云密布的恶劣天气，驶向茫茫大海，希望能找到神仙和不朽的神药。然而，就像神仙对这位皇帝不满意一样，海上风声呛鼻，波浪滔天，船只在浪峰和波谷中漂泊无定。无论皇帝还是大臣，都感到头晕目眩，呕吐不止。大臣们都劝说汉武帝上岸，但是他坚信心诚必能感动上天，命令继续航行，继续寻找仙岛。经历了多日的颠簸后，汉武帝最终忍受不了海上的辛苦，只能下令返回。

汉武帝心灰意冷，带着疲惫的身体，率领 18 万骑兵和 3000 名方士，无可奈何地往回返。汉武帝回到了泰山，在梁父山的地主祠举行了仪式，并制定了封禅的礼仪。他们首先在东方泰山下建立土坛，埋下玉牒。仪式结束后，汉武帝登上封禅台，只让奉车子侯霍嬗陪同，封祀的礼仪保密不公开。次日，汉武帝从阴道下山，在岱东肃然山降禅。典礼结束后，汉武帝在泰山东北的故址明堂接受群臣的朝拜，发布诏书，宣布封禅圆满完成，大赦天下，改元号为元封。元封二年（前 109）春季，汉武帝巡视东莱（今山东省莱州市），经过祠泰山时，济南方士公玉带献上据说是黄帝时代的明堂图，汉武帝命令地方官员按照这个图建造明堂于汶水之上。此后，汉武帝共进行了八次泰山巡幸和封禅，分别发生在元封五年（前106）、太初元年（前104）、太初三年（前102）、天汉三年（前98）、太始四年（前93）、征和四年（前89）。

三、《旱颂》

在中华的历史长河中，汉武帝于元封二年（前109）到元封三年（前108）之间的岁月里，他已经步入了53岁到54岁的人生旅程。在那个光辉璀璨的岁月，汉武帝既勤奋又充满智慧，他积极祷告，祈求上天降下甘霖，驱走旱灾，给人们带来生机。据历史记载，元封二年（前109）汉武帝亲自前往万里沙进行求雨，希望借助此举来祈求天降甘霖，以拯救干涸的大地，给人民带来希望。

而次年，汉武帝再次虔诚地进行祭天仪式，祭祀灵星，祈求上天再次降下雨露。他希望通过这样的方式，能够使得大地重回生机，人民能够摆脱旱灾的困扰。这一年，东方朔的《旱颂》一文也应时而生。

东方朔《旱颂》一文，收录于《艺文类聚》卷一百，表达出东方朔对于旱灾的忧虑以及对于生存的坚定信念。该文充满了诗意和意境，文字精练而优美，读来深感震撼。

维昊天之大旱，失精和之正理。

遥望白云之阽淳，溘曈曈而妄止。

阳风吸习而熇熇，群生闵懑而愁愦。

陇亩枯槁而允布，壤石相聚为害农。

夫垂拱而无为，释其耰锄而下涕。

悲坛畔之遭祸，痛皇天之靡济。

《旱颂》情感激烈，语言生动形象，通过抒情与叙述的有机结合描写了大旱之时天上云团和人的心情，表现了对当时政治的批评。

此篇开头一段写云的变化，正于言外写出千万人仰天盼望积云时的情景。开篇一句"维昊天之大旱"，开门见山地点题，作者借指斥天而对在位者提出批判的思想便已含蓄地表现了出来。接着，东方朔形象地再现了旱云密布的奇异景象。后面写熇熇阳风袭来，突现了阴云消散后的大旱灾情。烈日当空，酷暑高温，炽热干燥的旱风像烈火般燃烧，无情地将苗壮成长的禾苗灼烧成焦黑的枯死的尸体。面对这场"陇亩枯槁而允布，壤石相聚为害农"的严重灾情，这些勤奋的农夫们心急如焚，他们的心情如同被无边的焦灼和无助压抑，绝望的目光中流淌着辛酸的泪水。他们焦躁地垂下双手，拱起宽阔的衣袖，向着荒芜的田野，茫然失措，而那曾经充满希望的锄头也变得了无生气，被遗弃在一旁，仿佛在诉说着无尽的痛苦。这些生动而细腻的描写，生动地展现了东方朔对农夫们深深的同情。然而，他并没有仅仅停留在对现状和民难的描述上，而是深层次地剖析现象，进一步揭开了这场灾难背后的原因。最后，以"痛天"作为结尾，这不仅是一个含蓄而明确的暗示，也给读者留下了耐人寻味的思考和感悟。

四、《宝瓮铭》

元封五年（前106），年过56岁的智者东方朔，已经深受汉武帝的重用和倚仗，他毫不犹豫地陪同汉武帝进行了一场南巡。那是一个寒冬时节，天气阴霾，鹅毛大雪纷纷扬扬，东方朔内心悲凉，创作了一篇名为《宝瓮铭》的作品，这部作品情感深沉，充满了悲剧性的色彩。

汉武帝的身边发生了一系列触目惊心的变故，他的左膀右臂卫青、汲黯和终军，相继离他而去，他们的离世给汉武帝带来了极大的打击。这些残酷的现实，一次又一次地严重冲击着汉武帝的心灵，使他显得异常苍老。他的身体状况也开始下滑，身体力行的衰弱，精神上也常常感到迷茫，好像死神已经悄悄向他伸出了手，心情极度沮丧。

终于有一天，汉武帝孤独地坐在宫中，这时，东方朔进入宫殿来拜见，他恭敬地说道："陛下，臣奉命创作了一篇名为《宝瓮铭》的作品，现呈献给陛下御览。"东方朔双手举起几片竹简，由侍差接过呈给了汉武帝。

汉武帝打了个令东方朔起来的手势，他接过竹简，开始御览《宝瓮铭》这部作品，他的心情十分沉重，因为他知道，这部作品是东方朔为了抚慰他的心灵，而专门创作的。

宝云生于露坛，祥云起于月馆。望三壶如盈尺，视八鸿如紫带。

汉武帝一手拿着墨迹未干的东方朔所写的《宝瓮铭》，一手拿着权杖，面带微笑，喜悦之情溢于言表。他的脸色洋溢着兴奋的光芒，每个细微的表情都表达着他内心的喜悦。他的双手以一种庄严肃穆的方式捧着《宝瓮铭》，仿佛是在对这个贵重的作品表示敬意。他的表情如此庄重，就连他那双明亮的眼睛也因为兴奋而闪烁着光芒。这是一种期待的光芒，他仿佛已经看到了将这个伟大的铭文刻在宝瓮上的景象。他以帝王之尊，庄重地说出这句话："朕即令玉人将此宝铭刻于宝瓮。"这句话在空气中回荡着，带有一种不容置疑的权威感。他的话语刚落，就立即命令东方朔一同前往宝香阁察赏宝瓮。

当宝香阁那扇厚重的红木大门轻轻打开，展现在眼前的是五光十色、琳琅满目的世界，宛如万花筒般丰富多彩。而在这琳琅满目的宝物中，一只宝瓮却独占鳌头，居于群宝之首。它色泽红润如火，硕大无比，其口状若瓶，雄伟地矗立在皇宫中的一座名贵的檀木架上，成为整个殿堂的焦点。

面对这只庄重而珍贵的宝瓮，汉武帝充满了喜悦和激动，他用手轻轻抚摸着宝瓮，心潮澎湃。随后，他向站在一旁的东方朔问道："东方先生，在你的《宝瓮铭》中，你所说的三壶究竟是什么意思呢？"

东方朔不慌不忙地回答道："所谓三壶，实际上指的是三座海上仙山。它们分别是方壶、蓬壶和瀛壶。这些仙岛都是神仙居

住的地方。"汉武帝听闻后，心头涌起一阵狂喜。他立即召见了被起用的丞相公孙弘，对他下达了一道旨意："让人做好详细的登记，建设一座神宫，将这只宝瓮置于神宫的露天祭坛上。"

公孙弘恭敬地回答："臣遵旨。"汉武帝又命令丞相道："派一位技艺高超的玉人，将东方先生所作的《宝瓮铭》雕刻在宝瓮上。"在沉思片刻后，汉武帝对丞相说："东方先生能够识得这只宝瓮，实乃朕的大喜之事，也是天下百姓的大幸。朕决定赏赐他500斤金（西汉时期多指黄铜）以及100匹帛。"

第九章

著书自慰

一、《答客难》

汉武帝太初三年至天汉四年（前 102—前 97），曾经任职于宫廷并最终辞官的东方朔，正值 60 岁至 65 岁。从东方朔的思想发展历程，以及他的作品所蕴含的丰富思想内容，可推断出他在这段时间内，极有可能创作了《嗟伯夷》《答客难》《非有先生论》以及《七谏》等多篇文章。然而，这些作品的写作顺序却无法强推。

西汉王朝到汉武帝时期，由于广泛招揽人才，使这一时期英才辈出，达到了极盛。而汉武帝本人又雄才大略、知人善任，虽然还不能做到公平合理、人尽其才，但确实为当时的能人施展才干创造了不少客观条件。能打仗的，就让他去带兵打仗；善治民的，就派他去任地方郡守；文才出众的，就让他负责起草典诰诏命，并时时进献以自娱；善于算计的，就让他去管理国家财政；好探险而又口齿伶俐的，就派他出使外国。与前代或后代相比，这一时期涌现出来的人才，真是灿若群星。文臣有司马迁、司马相如、庄助、东方朔、枚乘等；名将则有卫青、霍去病、李广；天文历算有唐都、落下闳；理财有桑弘羊；名儒有董仲舒；名臣则有汲黯、霍光；探远有张骞；立法则有张汤；等等。因此，汉武帝统治时期是西汉王朝的鼎盛时期，也是中国历史上最辉煌的时期之一。当时的西汉王朝，东西南北皆逾万里，幅员辽阔，人口众多，经济发达，文化繁荣，声威赫赫，如日中天。这种局面的出现，一方面是因为汉朝有着繁荣的社会经济作强大后盾，另一方面也因为汉武帝之雄才，加上他广揽人才。整个国家在汉武帝及其大臣们的带动下高速运转起来。在这一时期，有许多后人难以企及的丰功伟业被创造和完成。

司马迁在汉武帝时期写成了光耀千古的伟大著作——《史记》，它的完成，标志着我国古代的史学和散文文学发展到了一个巅峰。司马相如的大赋如《子虚赋》《上林赋》等，气势磅礴，内容充实，繁丽铺陈，多彩多姿，是汉武帝时代国家空前统一强大繁荣的反映，充分地体现出当时的社会精神风貌。董仲舒作为一代名儒，适应新时代的需要，创建出适合大一统国家思想统治的新儒家思想体系。卫青、霍去病、李广等名将在汉帝国反击匈奴的战争中屡立战功，功勋赫赫。而著名的探险家张骞出使西域，深入中亚，打开了中西文化交流的通道，开阔了汉朝人的眼界，功勋卓著，彪炳千古。其余的人才也都各有所长，交相辉映。

处在那样一个朝气蓬勃、积极向上的时代，每一个知识分子的心中都有着建功立业的冲动，如果得不到施展才能的机会，便会抱憾终生，东方朔也不例外。但汉武帝从一开始便把东方朔看作弄臣，从不委以重任，这抑制了他才能的施展。

　　司马迁的父亲司马谈因为不能参加汉武帝到泰山封禅的盛大典礼，气病而死。他临死前，还嘱咐儿子，要继承自己的遗志，撰写《史记》，不仅要记载上古圣君贤臣的功业，更要他记述当代的丰功伟业。

　　在当时的那些贤人才子当中，东方朔可以说是一个最不得志的人。司马迁当过太史令，官虽不大，却十分重要。公孙弘当了多年的丞相。卫青更是官至大将军，封为万户侯。而东方朔只做到太中大夫、给事中，是个清散的闲职，既没有实权，更谈不上处理政事、一展雄风了。他所能做的，只剩下口才和笔杆子了。当时，在职的人，上至丞相公孙弘，下至太史令司马迁，都被重用，不是奉天子命巡行东方，就是出任地方郡守，然后逐渐升至公卿。

　　东方朔虽然曾当过太中大夫，时间却不长，因醉中遗便于宫中而被免官。在大多数年月里，东方朔的身份只是个郎官，要么持一个画戟站在台阶之下，和普通侍卫一样担负保卫皇上安全的任务，要么被汉武帝叫到身边，让他和郭舍人、善于诙谐的文人枚皋等站在一起，说点笑话，逗汉武帝高兴。

还有一个问题是郭舍人、枚皋等人都安心于自己的现职，既无雄心大志，也就没有什么苦恼了。汉武帝的信任宠爱，对他们来说已经是"皇恩浩荡"，感激不尽，也心满意足了。东方朔却不然，他是一个有血性的人，心中充满了理想。而他眼前所达到的，与他当初的理想又相去太远，以后也永远没有实现的机会，因此他心中充满了痛苦。东方朔对自己的才能是抱有信心的。

他一直以为，只要汉武帝给他一个机会，他肯定能干得很出色。问题在于汉武帝连一个小小的机会都不愿给，甚至连想都没有想过。迫不得已，东方朔开始自己行动。他写了许多奏章，陈述自己对农业、经济、国防、军事等问题的见解，借这些奏章显示自己的知识和才能，希望汉武帝能重视起来，可汉武帝不加理睬。东方朔的这些奏章已经失传，无法通过它们对东方朔的真实才能作切实的判断。至于东方朔本人，无疑是十分痛苦的。多次碰壁之后，他仍不死心，后来干脆趁上奏章的机会公开向汉武帝诉苦，自诉别的人都得了大官，只有自己还是个郎官。他请求汉武帝试着任用自己。

至于东方朔所写的这些奏章的内容，《汉书·东方朔传》里提到过一点，说东方朔的奏章专门用商鞅、韩非等人的语言，可见在治国方略上，东方朔是倾向于法家的。但《汉书》又说东方朔的这些奏章写得恣意放荡，不着边际，又时不时地杂些诙谐的语言，不够庄重，虽然写了数万字的东西，却不被汉武帝所看重，当然更谈不上任用了。

尽管不能被任用，东方朔还是喜欢谈论，喜欢吹嘘自己。时间久了，渐渐招来一些人的非议，甚至有人因东方朔长期未能升官而加以讽刺，说他只会夸大其词。

有一次，朝廷中的儒学、经学博士们和一些朝臣会聚在一起议论国政，东方朔也参与其中。这些人见机会来了，便群起而攻之，共同为难东方朔，说："过去苏秦和张仪等名士不但经常和万乘之国君平起平坐，分庭抗礼，而且都曾佩诸侯的相国之印，富贵荣光，一时莫比，荫及族人，泽及后世。如今，先生你学习先王的治国之术，企慕圣人的仁义道德，讽诵《诗经》《尚书》以及百家之言，数量多得数不过来，你还将自己的学识见解写在帛上，刻在竹简上，认为自己的才华在朝野内外再也找不到第二个人。你可以说是博览群书，闻见宽广，能言善辩，机智无双。可是，你尽你的全部力量，忠诚地侍奉当今圣明的君王，旷日持久，已经有几十年了。可是，你得到的官职不过是侍郎，所干的不过是执戟护卫。得到这么个结果，大概总是有一些原因的吧。你是不是在某些行为上有不足之处呢？这是为什么呢？"

东方朔听了，为自己辩解道："这其中的原因，本来就是你们这些人所不能知道的。世上有句老话，叫此一时也，彼一时也，哪里能够把我和他们相比呢？苏秦、张仪在世的时候，周王室已经衰落，礼崩乐坏，上下僭替。诸侯们不再去朝见天子，而是各自为政，互相争斗，互相攻伐。到战国之时，相互吞并成 12 个国家，相互之间还没有分出谁高谁低。当此之时，谁得到有才干的士人的支持，谁就能强大起来；反之，谁得不到士人的支持，谁就必然灭亡。所以，苏秦和张仪等能够靠张利嘴，游说于诸侯之间，诸侯们为了自己的利益，争相尊重、任用他们，因此他们才能身处尊位，泽及后世，而子孙长享其福。

"今天则不然，有圣明的君主在上，其德惠流遍天下，天下之人无不受惠。而且诸侯宾服，大汉的声威远及四方的蛮夷戎狄。四海相连，像一张大席子，比倒置起来的盂盆还要安稳。天下平均，合为一家。国家不论做什么事情，都像在手掌中运行一般。在这样的情形下，有才能的人和没有才能的人又有什么区别呢？如今天下是那样的广大，百姓是那样的众多，都在竭尽精神，驰骋辞说，齐头并进，像车辐之向车轴集聚，数都数不过来。大家都尽全力向慕仁义，然而仍然有人困于衣食的寻求，或迷茫而不知所从，有的人连性命都丢了。如果苏秦、张仪和我一起生在这个世间，恐怕还不如我，哪里还能够当什么常侍或侍郎？

"古人有言曰：'天下要是没有灾害变乱，即使是圣人在世，也没有他施展才能的地方；如果国家上下齐心，君臣同体，虽然有个别的人比较贤能，也不会有立功的地方。'所以说时代不同了，事情也会不一样。虽然世事是这样，我们怎么能不致力于修身呢？《诗经》上说：'鼓钟于宫，声闻于外。鹤鸣九皋，声闻于天。'在屋里敲钟，声音自然能够传到外面；像仙鹤在沼泽中鸣叫，其声音上闻于天一样。只要能够加强自身的修养，还怕得不到荣誉富贵吗？过去，姜太公躬行仁义，整整72年，后遇上周文王，得以施展才干，受封于齐，子孙为诸侯700多年而不绝。这就是为什么士人们都日夜孜孜不倦，修学行道而不敢中止的原因。

"今天的处士们，虽然没有遭逢到发挥才干的机会，却崛然独立，块然独处，上可以学习许由，以水洗耳，不听尧帝之召，下可以模仿楚之狂人接舆，遗世独立，消闲自在。还可以用范蠡的智策，进则立功于当世，退则归隐于江湖。而对君王的忠诚，就像伍子胥之忠于吴王一样。天下和平，便躬行仁义。遇不到志同道合的人，缺少愿意跟随的人，本来就是这个样子，有什么可以奇怪的呢？"

东方朔的一席话，说得众人哑口无言。东方朔上面的那一席话，《汉书·东方朔传》有记载，后东方朔将自己的回答写了文章《答客难》，既自我安慰，又顺便回答了那些对他的地位、才干和思想提出疑问的人。东方朔在文章中假设有人向自己提问，然后自己再予以回答。

《汉书·东方朔传》收录《答客难》全文如下：

客难东方朔曰："苏秦、张仪一当万乘之主，而都卿相之位，泽及后世。今子大夫修先王之术，慕圣人之义，讽诵《诗》《书》、百家之言，不可胜数，著于竹帛，唇腐齿落，服膺而不释，好学乐道之效，明白甚矣；自以智能海内无双，则可谓博闻辩智矣。然悉力尽忠以事圣帝，旷日持久，官不过侍郎，位不过执戟，意者尚有遗行邪？同胞之徒无所容居，其故何也？"

东方先生喟然长息，仰而应之曰："是固非子之所能备也。彼一时也，此一时也，岂可同哉？夫苏秦、张仪之时，周室大坏，诸侯不朝，力政争权，相禽以兵，并为十二国，未有雌雄，得士者强，失士者亡，故谈说行焉。身处尊位，珍宝充内，外有廪仓，泽及后世，子孙长享。今则不然。圣帝流德，天下震慑，诸侯宾服，连四海之外以为带，安于覆盂，天下平均，合为一家。动发举事，犹运之掌，贤不肖何以异哉？遵天之道，顺地之理，物无不得其所；故绥之则安，动之则苦；尊之则为将，卑之则为虏；抗之则在青云之上，抑之则在深泉之下；用之则为虎，不用则为鼠；虽欲尽节效情，安知前后？夫天地之大，士民之众，竭精驰说，并进辐凑者不可胜数，悉力慕之，困于衣食，或失门户。使苏秦、张仪与仆并生于今之世，曾不得掌故，安敢望侍郎乎？传曰：'天下无害，虽有圣人无所施才；上下和同，虽有贤者无所立功。'故曰时异事异。

"虽然，安可以不务修身乎哉！《诗》曰：'鼓钟于宫，声闻于外。''鹤鸣于九皋，声闻于天。'苟能修身，何患不荣！太公体行仁义，七十有二，乃设用于文、武，得信厥说，封于齐，七百岁而不绝。此士所以日夜孳孳，修学敏行而不敢怠也。辟若鹡鸰，飞且鸣矣。传曰：'天不为人之恶寒而辍其冬，地不为人之恶险而辍其广，君子不为小人之匈匈而易其行。''天有常度，地有常形，君子有常行；君子道其常，小人计其功。'《诗》云：'礼义之不愆，何恤人之言？'故曰：'水至清则无鱼，人至察则无徒。冕而前旒，所以蔽明；黈纩充耳，所以塞聪。'明有所不见，聪有所不闻，举大德，赦小过，无求备于一人之义也。枉而直之，使自得之；优而柔之，使自求之；揆而度之，使自索之。盖圣人教化如此，欲自得之；自得之，则敏且广矣。

"今世之处士，时虽不用，魁然无徒，廓然独居，上观许由，下察接舆，计同范蠡，忠合子胥，天下和平，与义相扶，寡耦少徒，固其宜也，子何疑于我哉？若夫燕之用乐毅，秦之任李斯，郦食其之下齐，说行如流，曲从如环，所欲必得，功若丘山，海内定，国家安，是遇其时也，子又何怪之邪？语曰'以管窥天，以蠡测海，以莛撞钟'，岂能通其条贯，考其文理，发其音声哉！繇是观之，譬犹鹡鸰之袭狗，孤豚之咋虎，至则靡耳，何功之有？今以下愚而非处士，虽欲勿困，固不得已，此适足以明其不知权变而终或于大道也。"

在这段文字中，"绥之则安，动之则苦；尊之则为将，卑之则为虏；抗之则在青云之上，抑之则在深泉之下；用之则为虎，不用则为鼠"，独到地揭示了当时社会中人们的命运起伏，他们往往无法掌握自己的命运。如果幸运地遇到好的机会，就能一帆风顺；否则，只能黯然接受倒霉的事实。相同才能的人，君主对他们的尊重与否极大地影响着他们的命运。如果受到君主的尊重，就能像将军一样威风；若不受尊重，则像俘虏一样被人轻视。如果得到提拔，就能迅速晋升；如果被压制，那就注定一辈子抬不起头来。一旦得到任用，就能变得强大如虎；如果不被任用，就会像讨人嫌的老鼠一样。古代如此，现代人亦无例外。因此，东方朔又指出：像燕昭王任用乐毅，秦国任用李斯，郦食其为汉高祖去劝说齐王，使齐王率领七十多个城邑投降高祖，他们的建议被采纳，就像水流一样顺势而下，君主听从他们，像圆环旋转没有固定的终点，想要的东西必然能够得到，建立的功业如同大山一样，使国家安定，海内平静。这是他们抓住了时机，你何必对此感到奇怪呢？俗话说："用细管子窥测苍天，用瓠来探测大海，用细草棍去撞钟"，用这样的手段和工具，如何能够了解其全貌，考察其本质，发挥其真正的声响呢？从这一点来看，就像小老鼠咬狗，孤立无援的猪去威吓老虎，到了面前就会被咬得粉碎，还能说什么建立功业呢？资质本来就有限，想要避免困境也无法实现，这只能说明他们不懂得权变，而迷失在伟大的道路中。

二、《非有先生论》

写了《答客难》后，东方朔感到有些意思依然没有表达清楚，便又写了一篇文章，叫《非有先生论》。文章的大概意思说：

有一个叫非有的先生在吴国当官，当得不怎么样。既不能称述往古圣明君主的事迹以激励他的君主的意志，又不能颂扬君主的美德以使君主的功业彰显于天下，当了三年的官，一直沉默寡言，连一句像样的话也没有说过。

吴王感到很奇怪，问他说："寡人继承先人的功业，寄生在众位贤人之上，夙兴夜寐，不敢懈怠。如今先生像鸟一样飒然高飞，不远万里来到吴国，将要帮助寡人治理国家，寡人心中暗地里十分感激，体不安席、食不甘味，眼睛不看靡曼美丽的女色，耳不听钟鼓音乐之声，虚心定志，想听到对寡人批评建议的话已经有三年了。如今先生进不辅佐寡人以治理国家，退不颂扬寡人的荣誉声名，寡人私下认为先生的行为不可取。如果身怀异才而不显现，这是对君上的不忠；人的才能显现出来而君主不用，这是君上昏昧不明。照你的意思看，寡人大概是昏昧不明吧？"

非有先生听了吴王的一席话，只是谦恭地俯伏于地，唯唯诺诺地答应着。吴王说："你现在可以谈了，寡人将期待着，全神贯注地听先生的高论。"非有先生说："哎呀！不行啊，不行啊！这谈何容易！有些话，有人不愿意听，心里不愿意接受，但对身体却有好处的；也有很喜欢听，心里很乐意接受，却使人德行全

175

毁的，不是明王圣主，谁能够弄清这一点？"吴王说："怎么会这样呢？古人说：'中品之人便可以和他讲述高深的道理。'先生你试着谈谈，寡人将会倾心而听。"

非有先生回答说："过去在夏朝末年，关龙逄对夏桀的行为直言极谏；商朝末年的时候，王子比干对殷纣王的恶行直言不讳。这两个人，都是竭尽思虑，尽忠于君上，为君主的恩泽不下流于百姓而惋惜悲悯，为天下百姓骚动不安而感到担忧，所以直言君主的过失，深切地劝谏君主改邪归正，这样做，都是为使自己的君主获得荣誉，并且为君主消除祸害。

"如今则不然，反而认为像关龙逄、王子比干这样的行为，是诽谤君主的行动，没有人臣之礼，不但要惩罚他们，使他们蒙上无辜的罪名，连先人也要被杀戮，并为天下人所耻笑。所以说谈何容易！因为这个原因，忠心辅弼的大臣被瓦解，而邪谄之人必然乘虚而入，因此世上才有了飞廉、恶来等人。飞廉、恶来这二人都非常奸诈虚伪，凭着一张能说会道的嘴爬上高位，他们暗中搜罗珍奇异物献给君上以讨其欢心，使其专心沉溺于耳目之好等享乐之中，得过且过，毫无进取之心。这样沉溺下去而不戒惧，最终至于自己被杀，宗庙崩毁，国家灭亡，宫室成墟，流放、杀戮圣贤之人，而亲近谗佞之人便是这样的结果。

"《诗经》上说'谗人罔极，交乱四国'，说的便是这个。所以，忘掉人格而自甘下贱，看着君主的脸色而讨其欢心，说请时唯唯诺诺，小心翼翼，和颜悦色，言语柔顺，于君上之治理国家终无补益，这是志士仁人所不忍心做的正襟危坐，高自矜持，严肃认真，深言直谏，上以除君主之邪心邪行，下以损减百姓的祸害，这样做必定忤逆邪枉的君主的心，还要经历衰世的苦痛。所以，颐养寿命的士人都不愿意上进，遂居于深山之中，积土为房室，用蓬草荆棘编成门户，在其中弹琴咏歌，以诵先王之风，这样活着，也可以长欢乐而忘掉死亡了。所以，伯夷和叔齐兄弟二人逃避周朝，饿死在首阳山中，后世的人都赞颂他们的仁义，照这样看，邪枉的君主的行为是十分可畏的，所以说谈何容易。"

吴王听了非有先生的这段话，内心被打动，连脸上的颜色都变了；将倚着的条几推开，正襟危坐，十分严肃地听着非有先生的话。

非有先生继续说道："接舆（春秋末期的隐士，约与孔子同时）避世隐居，不慕官贵，箕子披头散发，佯装疯狂（箕子是殷纣王的叔叔，见殷纣王不断倒行逆施，无可挽救，为保性命而装疯卖傻），这两个人都是为了逃避混浊的人世以保全自己。如果让他们遇上圣明的君主，在清宴闲暇的时候接待他们，用宽仁和蔼的脸色迎接他们，使他们自我发愤，尽心竭力，居安思危，揆度得失，上以使君主安稳，下以使万民百姓方便，则五帝三王之治便可以隐约可见了。所以，伊尹为了实现理想，听说商汤贤明，不惜蒙受耻辱到商汤的宫里去做了一名厨师，每天做出美味的饭菜，并以此找机会接近商汤，终于为商汤所赏识，成就了一番事业。

"姜太公年过70，未得到施展才华的机遇。后来听说周文王招贤纳士，便西来周国。因无缘得见，便在渭河边上钓鱼。周文王有一次做了一个怪梦，命巫师占卜，巫师说：'今日所得，非熊非罴，乃是一人，君得之而有天下。'第二天周文王到渭河边上打猎，遇见了姜太公，认出他就是梦中所见之人。和他一交谈，大为赞赏，当即和姜太公一起坐车回宫，并拜姜太公为军师，成就了灭商的大业。

"伊尹和商汤、姜太公和周文王，都是君臣之间心意相通，谋无不成，计无不从。所以，伊尹和姜太公遇上了他们的真正君主。深谋远虑，用道义来规范自己的行为，对臣下广泛施恩以获得更广泛的拥戴，以'仁'为自己思想的根本，以'义'为自己行动的开始，褒扬有品德的人，给有才干的贤人以优厚的待遇，诛除那些为恶为乱的人，使远方的人向往归顺，使天下之民统类划一，使风俗淳美，帝王能够做到这些，便会带来昌盛。上不改变天（自然）的本性，下不剥夺人们之间的人伦之爱，则可以使天地和洽，使远方的人怀念向往，所以这样的君主才号称为'圣王'。

"为人臣的如果尽了职责，立了功业，便划分出土地封给他们，使他们爵为公侯，将祖业传及子孙，名声光显于后世。天下的百姓到今天还在颂扬他们。伊尹和姜太公所以能够显名于后世，便是因为他们遇上了商汤和周文王。伊尹和姜太公是这样的遭遇，而关龙逢和王子比干却是那样的遭遇，这难道不让人感到悲哀吗？所以说谈何容易！"

吴王听了非有先生的这一段话，沉默静思了半晌，深深低下了头去思考，再仰起脸面时已经是双泪交横，说："哎呀！我的国家没有灭亡，丝丝连连，可也是岌岌乎可危。这样下去，怎么得了？"

于是，从这一天以后，吴王开始发奋治国。他端正安排明堂的礼仪，使朝廷上下各按君臣上下的职责行事，招揽有才能的人，向百姓广泛施以恩惠，褒扬有仁义的人，赏赐对国家有功劳的人。而吴王自己恭俭节约、减省后宫的费用，去掉不大用得着的车马。在宫里不再听靡曼的流行音乐，将那些只知道讨好自己的人从身边赶走。减少自己的膳食费用，不再浪费粮食和菜肴。自己的宫室不再修建得那样华丽，而是素朴简陋。扒掉苑囿的墙，填掉里面的沟壑陂池，让贫苦的百姓进去开垦耕种。

吴王又下令将国库打开，将里面藏的财物拿出来赈济贫穷的人。经常派人存问年龄大的老人，赡养孤苦伶仃的百姓。对百姓减少税收，并减省法律中的严刑峻法。这样做了三年以后，国内罢然无事，天下大为和洽，风调雨顺，万事万物都各得其所。国内不再发生水、旱、地震等自然灾害，百姓们人人有饭吃，而不再面有菜色。家家充足，人人有余，并且都有积蓄。没有人去犯罪，因而监狱里面老是空着。这样美好的情状还感动了上天，祥瑞的事情便接二连三地发生了，连凤凰这种美丽的神鸟都飞集到吴国来，祥瑞的神兽麒麟也出现在郊外。天上经常降下甘露，朱红色的异草就开始发芽，其他国家的人民都向风慕义，各自带着土特产和珍异宝贝，不远万里地来朝贡贺喜。

所以，国家治和乱的道理、存和亡的原因，是这样的显而易见，而身为君主的人却很少有人去认真施行的。所以，我觉得这些人也太有点过分了。所以《诗经》说："王国克生，惟周之桢。济济多士，文王以宁。"周国因为施仁行义才强大起来。而周的朝廷中挤满了有才能的士人，周文王也因此而获得成功和安宁。

这几句诗说的就是这个道理。

不论是《答客难》还是《非有先生论》，东方朔都是通过他们之口，表达自己的不满和对治理国家、天下的看法，这两篇文章足见东方朔内心的苦闷。

三、《七谏》

任何时代都有怀才不遇的人，而他们的苦闷也是相类似的。在东方朔之前，便有两个最著名的人物，一个是战国时期楚国的屈原，一个是西汉初年生活在汉文帝时期的贾谊。

屈原是楚国的王族，刚刚出仕为官的时候，曾经深得楚怀王的信任，出则接待外国使者，替楚王发号施令，入则与楚王一起谋划治理国家天下的策略。可是，由于屈原正直不阿，加上小人的谗间，楚王逐渐疏远了他。到后来，还先后把他流放到汉北和江南。自从屈原离开后，楚国便连遭失败，先后被秦军击败两次，将士牺牲数十万，大片地被秦国占领，楚怀王还被骗到秦国而死。

屈原虽然被流放，但他心系祖国，为国家的前途担忧，也为自己的身世叹息，先后写下了《离骚》《九歌》《天问》等不朽的

诗篇，以寄托自己的家国之思，身世之慨。到后来，屈原在流放地投汨罗江自杀了。屈原死后，百姓十分怀念他，以各种形式纪念他。

在西汉时，纪念屈原的风气已经十分盛行，贾谊便曾经写过一首《吊屈原赋》，一方面纪念屈原，另一方面也悲叹自己的身世，叹息当时是鸾和凤这些祥瑞的神鸟被排挤而窜伏于地，鸱鸮这样的恶鸟却高高翱翔。"人们宁愿去骑跛着脚的马，却让千里马去拉重车；抛弃干将、莫邪这样的利刃不用，却去用没刃的钝刀。"这样的文学作品因为表达的是作者自己的真情实感，所以读来非常感人。

东方朔在极其苦闷的时候，也写过一些这样的作品，而且也是以悲悼屈原为内容，实际上却是抒发自己的怀才不遇和身世漂泊之感。

在东方朔的这类作品中，最有名的是《七谏》，写作形式是骚体诗，这是汉代最流行的文学形式。而文章带"七"，主要是受了汉初的著名文学家枚乘所作的《七发》的影响。这样的骚体诗一般分七个部分，每部分有各自的小标题，依内容而定。总题目则或叫《七发》，或叫《七谏》，或叫《七哀》，等等。东方朔所写的《七谏》，也分成七个部分，其小标题分别为初放、沉江、怨世、怨思、自悲、哀命、谬谏。《七谏》第一部分：初放。"初放"是刚刚被流放之意。内容翻译如下：

屈平（字原）我生在国中，长在原野。讷涩而不善言辞，质性忠信，又无强辅。识见褊狭，闻见又寡。我数次向君王进言国事，却得罪了君王的左右门下。君王不省察我所进言的长远利益，却将我抛弃在原野。我自己检查自己，觉得我的行为没有什么过失，也没有什么可以改变的。可佞人们相聚成群，互为朋党，君王也越来越被他们所迷惑。佞巧之人在君王之前，贤能的人便只好退隐。像尧帝、舜帝这样的圣明君主早已成为过去，又有谁来省察我的忠直？仰望高山，其巅巍巍；俯视河水，其流荡荡。我的死日将来临啊，我将要与麋鹿同坑。孤独无依块然独处，举世之人皆为巧佞，我向谁诉告我的忠信之情？高飞的鸿鹄被驱逐了，鸱鸮一样的恶鸟却得以亲近。橘树、柚树等美木被砍伐，却栽上苦桃等恶木。修娟美好的良竹，寄生于江水之潭。竹叶青青而蒙露，竹下泠泠而来风。哪知如此良材而不合于人之心，就像松柏之不同。过去的时光已经不可追及，我年龄已老，未来的时光也难以邃待。悠悠苍天啊，为什么不来受理我的冤屈？暗自埋怨君王的执迷不悟，我只有怀抱忠信，死于山野之中而已。

《七谏》第二部分：沉江。

古代的君王，得道则安，失道则亡。听信奸佞谗言，贤良忠臣被害，国家因此而危亡。尧帝、舜帝圣明而仁慈，百姓到于今而不忘。齐桓公使小人专国之任，使自己受其祸殃啊，管仲的忠信却美名扬。晋献公为骊姬所迷惑，太子申孝顺而遭殃。徐偃王修行仁义，不修武备，楚文王中心觉悟，恐惧不已而派军攻灭徐国。殷纣王因为暴虐无道而失去天下，周的兴盛，却因文王得到了吕望（即姜太公）这样的良佐。周武王修先古之法，推恩行义，封比干之墓以宣彰其德。海内的豪杰向慕而自附于周，人才越聚越多，四海皆为同志。官得其人，法令修理，像兰芷幽而有芳香。可是我患苦于被众人所妒嫉，只好像箕子一样被发而佯狂。我想像箕子一样佯狂而去，不顾楚国，但念君王之昏昧，心中为之忧伤。联芳香的芷草以为佩，一旦经过鲍鱼的臭肆，便失去其芳香。我积忠累信，为谗人所毁，忠名因此而受损。正直的大臣端正自己的操行，却遭到别人的诽谤，还要被流放。世俗更而变化，皆改其清洁而为贪邪，我宁愿像伯夷、叔齐饿死于首阳之山，而不愿随风逐浪。独行廉洁，不容于世，虽然会像叔齐一样饥饿而死，却久而有荣光。浮云阵阵而蔽晦，使日月无光。忠臣贞洁而想劝谏君王，却见谗佞之人在君王的身旁。秋天百草将要结实，天上却降下严霜而将其杀光。西风萧瑟而灾害生，百草因此而不得盛长。众人皆相与而为朋党，一齐妒贤嫉能啊，我虽有圣贤之智，却孤立无助而易伤。身怀计谋而不被采用，只得独处岩穴之中隐藏自己。本已成功的功业堕坏而不能完成，伍子胥行忠信，却身遭谗言，赐死而不葬。世人见之，皆变心从俗以承上意，如风中之草，靡而盛行。信直之臣被蒙谗毁而身败，虚伪之人进用在位而荣光。国家倾败再追悔而不及，我欲尽忠直之节却终不能成功。我宁愿执守清白而死，忠直而不变节；只可惜年命尚少，寿命未尽而将夭。我将驾方舟随江而浮，希望怀王能开其蒙惑之心，使自己回去，但我所陈之忠言逆耳，会像伍子胥一样被沉于江。我愿尽忠竭力，陈列政事，君王却阖而不聪，不可开悟。告诉他为政之道，他却连是非曲直都不能分。好听奸臣的邪说虚言以自误，将断绝国家累世的久长。灭先圣之法度而不用，背弃忠直之臣以自亡。遭忧患才有所开悟，却像秋天的枯蒿被大火延烧，终不可救药。治国之道已失，还谈论什么凶祸？佞谗之人相与朋党，并食重禄，独行忠直之士还有什么希望？任用谗邪，日以渐染，随之变化而不自知，就像秋毫之末始则微小却要渐渐长大。众物虽轻，太多却会将车轴压折；坏事虽小，行之太多却终败大德。我心清洁，不能久居浊世，宁愿赴湘水而死，随波沉浮，东入大海。怀石自沉，甘乐死亡，也不忍心见君王之久壅蔽于谗佞。

《七谏》第三部分：怨世。

人世污浊，难以议论，是非不别，高下参差，洁身修行却日渐消损，贪浊之人进在显位，日以盛多。贪婪之人并进成群就像鸱鸮的聚集；贞洁之士敛节而退就像白鹤远离飞扬。蓬蒿萧艾越长越茂盛，杜蘅与芍药却日见抛弃，使世人不知道什么才叫芳香。世间的大道本来是那样的平坦，如今却长满了芜秽，再没有当日的面庞。圣明的高阳帝被委弃于尘土，像尧舜一般贤圣也遭人毁谤。让谁来论其善恶、正其真伪呢？虽然有像禹、稷、皋陶、伯益等这样的贤臣，也不能除去那些虚伪的诽谤。皇天保持其高明而不可逾越，大地保持其久长而不可动摇，贤人守其志节也不可轻夺。我本服修清白以逍遥，却偏偏遇上贪浊的同行。西施如此美丽，却不能见面；嫫母如此丑陋，却日侍在身旁，芬芳的桂木若不知留止，妄欲移动，只会丧其芬芳，而我清心洁白，不能变志易行以求禄位，也终将贫困而固穷。处在今天这样昏浊的人世，到哪里才能实现我的意志？我欲远去以求贤君，此志固非众人之所能知。姜太公曾经穷困而不聊生，遇上了周文王便大显其志；宁戚早年穷困，为人养牛，固极而高歌，被齐桓公听到，立即授以要职。路旁的女子正在采桑，孔子从那里经过，采桑女子一心而不视，孔子喜而娶之。只有我却乖乱而不当，不遇明主，心中怵悼而自伤。想比干的忠直，悲哀伍子胥的慎事。楚人和氏是如何使人难过呀，献上宝玉，别人却当作烂石。楚厉王不省察，楚武王也不省察呀，献上宝玉，却连累得两足被斩。小人心胸狭隘，只知让人承顺自己，遇上忠直之臣，便视之如草芥。妄改先人的法度，相与耳语谋利，不知其极。亲近谗谀而疏远贤人，好为恶事而心不自知。我终不能效上自己的清白，茫茫然而不知归宿。专心竭志以自明，却为传人所壅蔽。年过五十，尚坎坷而无所逢啊，想高飞而远止他方，又恐遭网罗而败灭。独抑郁而无所控诉哇，伤精神而早夭。皇天既不纯命，我的余生也终无所依。我宁愿自沉于江，随波而逝，成为江海中的涂泥，也不愿留在这个贪秽的浊世。

上面的文字，是东方朔以屈原的口气讲出来的，听起来像是屈原在发泄心中的苦闷，实际上却是表达东方朔自己的思想。他渴望遇上一个圣明的君主，他是遇上了。

汉武帝雄才大略，精明能干，也可以说知人善任，比起屈原所遭遇的楚怀王不知要强多少倍。但遇上圣明的君主，并不意味着每个有才能的人都可以得到提拔和重用，这其中还有许多其他方面的因素。

东方朔尽管对自己的才能抱有信心，但他解释不清楚为什么汉武帝不重用他。在《答客难》中，他把这个结果归结为时代不同，自己所处的时代是海内晏然，四海一统，万邦来朝，君主圣明的太平圣世。而在太平圣世之中，是不需要那么多能干的人的。因而才出现同样才干的人"用之则为虎，不用则为鼠"或"抗之则在青云之上，抑之则在深泉之下"这样的局面。此一时也，彼一时也，以堵众人之口，为自己尴尬的处境打圆场。

在《七谏》中，东方朔又将自己的遭遇归结为"命"。他举了不少得到机遇的人的例子，如伊尹、姜太公、宁戚等，同时却拿一些隐士如接舆、伯夷、叔齐等人的事安慰自己，又以虽然遭逢其君却没有得到好结果的人如伍子胥等来告诫自己，这实际上也是一种自我安慰，即比上不足，比下却有余。比起伊尹、姜太公固然不行，比起接舆等人自己尚在朝廷之中，尚有过之。比起伍子胥，那就更有过之的了。

在《七谏》中，东方朔借屈原之口，反复称自己不愿生活在这个污浊的人世，而实际上他却做不到这一点。一方面是因为个人的性格，另一方面也因为二人的处境有所不同。东方朔的处境虽可以称得上是"不遇"，却比屈原的处境好得多。

第九章　著书自慰

　　西汉自从汉高祖刘邦一统天下，经过统治者多方面的努力，社会便进入了一个稳定的发展时期。秦王朝虽然实现了国家的统一，但它统治的时间太短暂，又暴虐无道，倒行逆施，所以迅速灭亡。

　　西汉的建立，才使统一的国家基本稳定了下来。而士人们，即掌握了一定文化的有才干的知识分子们，不再需要像纷争的战国时代那样为寻求进身之路而到处奔波，投奔游说诸侯，或一言不合，便转而他投。西汉王朝强大的中央政府在当时有巨大的吸引力，吸引普天下的知识分子们为这个新生的、充满朝气的政权服务。西汉的知识分子，从叔孙通到贾谊、到晁错，再到董仲舒、东方朔以及当时的儒学经生，都无一例外。那时候，人们的心灵远比后世单纯，为君上、为王朝服务可以说是士人的最高理想。他们也有不遇的悲伤，像贾谊，但这种悲伤只限于个人，不关乎西汉。相反，他们对自己生长的这片土地都予以极高的颂扬和赞美。

　　司马相如的《子虚赋》和《上林赋》便对当时彊盛统一的汉朝的繁荣和昌盛极尽颂赞之能事。它拥有众多的人口，拥有当时世界上最光辉灿烂的文明，也拥有当时世界上最为广大的国土，东自朝鲜，西达中亚，北起流沙，南达日南，南北东西，皆逾万里。山川丰美、物产富饶、人物殷盛。处在上升时期的王朝，使它的人民也具有一种蓬勃向上的精神。东汉初年的班固，便曾在他的名作《两都赋》中颂赞强盛的汉朝，道：

目中夏而布德，瞰四裔而抗棱。西荡河源，东澹海漘，北动幽崖，南耀朱垠。殊方别区，界绝而不邻。自孝武之所不征，孝宣之所未目，莫不陆詟水慄，奔走而来宾。……天子受四海之图籍，膺万国之贡珍。内抚诸夏，外绥百蛮。

与当时大部分的知识分子一样，东方朔也是满怀热情，积极投入时代的洪流中去的。他生活的汉武帝时代，是我国历史上一个最为繁荣的时代。在汉武帝在位的50多年中，数以百计的人在战争中立下战功并被封侯，强盛的王朝给有才干的人带来了荣耀。对内，汉武帝不但举行了具有重大政治意义的封禅活动，以表明汉王朝的统治已经得到了上天的认可，还主持了许多规模浩大的工程，如治理黄河、开通西南夷通道，致力于国家经济的大规模构建等。所有这些活动，都为有才干的人提供了出人头地的机会。朝气蓬勃，积极进取，成为那个时代士人知识分子思想的主流，也确实有无数的士人知识分子在这种条件下建功立业。

但是，在这个朝气蓬勃的队伍中，东方朔是一个落伍者。如果不是因为他的诙谐，他的许多奇奇怪怪、放荡不羁的行为在当世就传得很远，而且越传越离奇的话，《汉书》便不大可能为他立传。按照古代封建史学家们的观点，像东方朔这样的只做到侍郎的人是没有资格进入"正史"的。从这一点也可见东方朔的怪诞行为在当时影响之大。另外，当时的汉王朝还处在上升阶段，刚刚从原始的蒙昧状态中摆脱出来不久，民族的胸怀还十分开放、豁达，思想上还没有太多的束缚，像东方朔这样的人还能够引起人们的普遍关注。

四、其他著述

除了诙谐、幽默和放荡不羁之外，历史上的东方朔还以一个博学多才的形象出现。首先是文章写得好。除了前面引的《答客难》等以外，据《汉书·东方朔传》的记载，东方朔的著作还有《封泰山》《责和氏璧》《皇太子生禖》《屏风》《殿上柏柱》《平乐观赋猎》等，各有上、下两篇，主要是七言和八言的骚体文学。另外还有《从公孙弘借车》等一些单篇书信，写得很简洁精彩。其次，东方朔的知识面很宽，知道许多别人所不知道的东西，特别是当时张骞探西域回来以后，大大地打开了中国人的眼界，让人们知道在遥远的西方和海外，还有许多别的国家和民族。张骞以后，汉朝派出的使者络绎不绝于道路，举世闻名的"丝绸之路"由此打通，大量异国的物产和传闻传入中原，引起中国人的极大兴趣。有关异国的传说也越来越多，到后来，这些传说有相当一部分被附会到了东方朔的身上。

第十章

东方传奇

一、信奉神仙

从战国中晚期起，在当时的齐国和燕国靠近渤海的地区，出现了一伙人，被后人称之为"方术家"或"方士"。他们以远古时期古老的巫术为基础，加上自己的想象和创造，钻研出一种据说可以"成仙"的法术。他们声称，天下的人只要学了他们传授的法术，或吃了他们所炼的丹药，上则可以成仙，与天地同寿；下则可以延年益寿，长葆青春。

人的生命是这样的短暂，几乎人人都想长生不老，因此，便有越来越多的人加入了这个队伍。尤其是一些皇帝，如秦始皇和汉武帝。

秦始皇统一天下之后，便对方士们的骗术表现出了极大的兴趣。在巡行天下的过程中，他曾几次跑到山东的琅邪、蓬莱和河北的秦皇岛（当时叫碣石）等地去观望大海，希望遇到神仙，并多次派方士乘船入海，寻找传说中的蓬莱、方丈、瀛洲三座神仙居住的仙山。规模最大的一次是著名的方士徐福奉秦始皇之命，率领童男、童女各500人乘船入海寻找神仙。据说徐福向东渡海到了日本，再没有回来。秦始皇受了方士们的多次欺骗以后十分恼怒，下令杀了不少方士，但仍无济于事。他死后的陵墓中便布置得像人间一样，天上是用宝石镶嵌的星星，地上是用机关转动的水银，像江河湖海，还有山川等。

西汉初年的时候，方士们的那一套不太盛行，一方面是秦始皇的打击，另一方面也因为汉初的几个皇帝忙于治理国家，也比较理智，不太关心所谓"长生不老"之类的事情。只在汉文帝的时候，出现过一个叫新垣平的方士，曾经使汉文帝上过一次当，后来汉文帝将他处死了。

到了汉武帝的时候，情形就大不一样了。汉武帝这个人比较浪漫，身为皇帝，过惯了美好的生活，唯一担心的就是衰老和死亡，因此汉武帝比谁都想长生不老。方士们正是看准了汉武帝的这种心理，便接二连三地跑到长安来行骗。行骗成功，便有高官厚禄。当然，失败了便有生命危险。

第一个来的是一个叫李少君的方士，据说，他善于祭祀灶神以致福，并且会辟谷、却老等方术。谁也不知道他的真实年龄。他总是自称70岁，不见老，也不见少。第一次见到汉武帝时，李少君便对汉武帝说自己可以通过法术将丹砂变成黄金，用这种黄金铸成器物使用便可以长寿，长寿便有机会见到海中的蓬莱仙山。他又说，自己曾经在海上遇到一个叫安期生的神仙，安期生送给他吃的枣大得像甜瓜一样。这一番话，说得汉武帝神魂颠倒，心向往之，开始亲自去祭祀灶神，并像秦始皇一样派方士入海寻找神山。不久，李少君病死了，汉武帝还以为他成了仙，因此招来更多的方士。其中两个最著名的叫栾大和少翁。

少翁是齐地人，来见汉武帝的时候，正赶上汉武帝最宠爱的妃子李夫人死了，汉武帝思念不已。少翁便玩了一个小把戏，让汉武帝坐在帐中隔着帐子影影绰绰看到了一个很像李夫人的影子，害得汉武帝更加思念，赏给了他不少财物，要他继续努力。少翁又是教汉武帝在宫中画云气车、驾车辟恶鬼，又是教武帝祭祀天神，搞了一年多，还是不灵，被汉武帝识破，丢掉了性命。

少翁死后，汉武帝还不死心，因而，招来了一个更大的骗子。这个人叫栾大，也是齐人。栾大比少翁和李少君等人更敢吹牛，大言不惭，吹得连自己都相信了。栾大人年轻，长得又高大英俊，很有气派，一出现，便博得了汉武帝的欢喜。栾大向汉武帝吹牛说自己经常往来于海中，经常和安期生、羡门等神仙人物相见，只是自己地位低，神仙们不肯将炼制不死药的药方给他。

如果汉武帝肯厚待他，让他做天子的使臣去见这些神仙，便一定能达到目的。这一说，说得汉武帝信心陡增。栾大不放心，又说自己怕遭到少翁一样的命运。汉武帝急忙发誓说少翁不是他杀的，是少翁自己吃了马肝中毒死的。只要栾大能办成这件事，自然不会亏待他。

这是一次汉武帝真正动了真格的举动，他在先前的拜将中庄重地拜栾大为五利将军，而这个决定，在一个多月的光阴流转后，仍没有动摇他的决心。他又安排栾大佩戴了四个将军的印信，这些印信分别是天士将军、地士将军、大通将军和五利将军，展现出他对栾大的极高期望。他更是豪爽地以2000户的封赏，给栾大赐封为乐通侯，赠予了他列侯级的豪华住宅一套，让栾大尽享尊贵的生活。为了满足栾大的种种需求，汉武帝甚至赠送了他1000名仆人，这些仆人都是训练有素的，将栾大的日常生活打点得井井有条。这样的优待，足以看出汉武帝对栾大的重视，然而，他还是觉得这一切都不够，他担心栾大并不能满足于此。为了让栾大能够更加尽心尽力地为他效力，汉武帝竟然还将自己的女儿卫长公主嫁给了栾大，并赐给他黄金10万斤，以巩固他们的联姻关系，这样的恩宠可谓是羡煞旁人。汉武帝还亲自到栾大的家里去布置各种事情。一时之间，栾大成了长安城中最红的人，王侯将相们都赶紧跑来巴结栾大，送给他无数的财物。汉武帝还刻了一方印叫"天道将军"，要栾大佩戴。栾大为表示自己不是人间的凡臣，在接受这颗印的时候，身上穿着白色羽毛做成的衣服，站在白茅铺的坛上接受，远远看上去像天上飞下来的神仙一般。从此后，栾大便天天在家里搞各种各样的法术和祭祀活动，以求导引天上的神仙下来光顾。这期间，又有方士来向汉武帝进献方药，并编造一些鬼话连篇的故事。汉武帝听了，叹息说："我要是能成为神仙，我看离开妻子就像脱掉鞋子一样。"

栾大热热闹闹地折腾了几个月，毕竟还是露了馅。汉武帝知道后也毫不客气，将栾大处死了。但在此之后，这类事情仍时有发生。

当皇帝的汉武帝如此，一般的臣民百姓就更不用说了。在当时的条件下，人们也不可能打破对迷信的向往。人活着的时候固然要祭祀各种神仙，海外仙山何处寻？人死了以后更要讲排场，特别是那些有钱人家，墓葬非常考究。

西汉时期的大中型墓葬，用砖或石头砌的墓葬内壁一般都画满了彩色的壁画，画的内容主要就是升仙。画面中除了色彩斑斓的祥云、仙鹤、太阳、月亮和星星以外，还有各种各样的神仙人物和想象中的珍禽异兽。画面中还有老虎等辟邪的动物，以期吓走恶鬼，不让恶鬼妨碍墓主人登仙。这种风气直到东汉时期才逐渐改变。

东方朔就是生活在这样一个信奉神仙、充满想象的世界之中，有许多关于神仙的传说都加到了他的身上。人们都传说东方朔不是凡人，而是天上的神仙下凡而来到人间的。还有一种传说，是说东方朔懂得许多方术，最后通过修炼成了神仙。不但成了神仙，还写了一些著作，以记述自己到海外旅行的所见所闻。

据说东方朔写得最有名的一本书叫《十洲记》，又叫《海内十洲记》。书中记述的是有关"十洲"的故事，词藻十分华丽。这十个洲是祖洲、瀛州、玄洲、炎洲、长洲、元洲、流洲、生洲、凤麟洲和聚窟洲。书中的文字充满了想象，既华丽又诡异。该书在南北朝和唐代曾经十分盛行，如著名诗人李白便在诗中提到过"十洲"之一的"瀛洲"，说"海客谈瀛洲，烟涛微茫信难求"。从海外来的客人向人谈起瀛洲，听着是那样的渺远难至，倒还不如现世的人世快乐。《十洲记》有一篇《序》，完全是以东方朔的口气写的。《序》文中说：

臣是一个学习仙道之术的人，但不是一个得到仙道成仙的人。因为当今国家强盛，天下和平，又特别招揽儒学文墨之臣，使他们都出来为陛下服务。抑制那些虚妄绝俗的道术，摒弃虚妄诡诞的传说。所以臣东方朔隐藏起自己的光华，来侍陛下于阙下，修炼养生。臣东方朔曾经跟随着师父到处游历，向北到达朱陵扶桑之门阙，又到达溟海冥夜之邱，纯阳之陵，始青之下，直到达月宫之间。内游七邱，中间游历十洲，遨游五岳，足迹遍布赤县神州的每一个地方。在大泽中行走，在名山中歇息。臣东方朔从小到现在，已经周流云天，涉历八极，无所不至了。还未像陵虚之子，飞真之官，上下九天，洞视百方。向北飞到勾陈星，向南翱翔至太丹，在大夏栖息。东到通阳之霞，西到寒泉之野。日月照不到，星汉所不见，上面没有任何生物，下面是无底的深渊。臣东方朔所见识的事情还是有限，还不足以让所有的人尽解心中的疑惑。

《十洲记》这样的书，实际上代表着古人在知识十分贫乏的情况下，对外部世界的一种大胆的想象和真诚的探索，它也确实在一定程度上满足了古人对外部世界（包括神仙世界）的好奇心。

二、逃离长安

东方朔向往身心自由，对官位、功名、爵禄和金钱等束缚他身体和精神的事物持有厌倦之态度。他追求活得潇洒、自在，认为这是人生的至高追求。然而，到了40多岁后，尤其是被贬为庶人而再次复职后，在汉武帝身边被命令执戟的日子里，他整天被紧紧束缚在汉武帝身边。尽管在汉武帝眼中，他的地位与太守、大将军等拥有两千石以上官位的官员相比并没有太大差别，甚至有时发挥着重要决策的作用。然而，缺乏个人自由对东方朔来说，是人生中最大的不幸。实话说，他能够在汉武帝身边待上十多年已经非常不易。在柏梁台大火事件之后，东方朔带着同样没有自由的"小妻"宛若一起离开了长安，这可以说是情理之中的事情。

在给朋友的一封信中，东方朔已经流露出了逃离长安的念头：

不可使尘网名缰拘锁。怡然长笑，脱去十洲三岛，

相期拾瑶草，吞日月之光华，共轻举耳。

——《东方朔作品辑注·与友人书》

这位身份不详的朋友，虽然他的真实姓名已不可考，但是他在东方朔的历史记载中却栩栩如生地展现着存在和行为。东方朔，这位聪明卓越的历史人物，早已对尘世的纷争和约束感到厌倦，他渴望解脱名利所带来的束缚，就像一只即将展翅高飞的凤凰，摆脱了尘世的牢笼。在东方朔写给朋友的信中，我们可以清

晰地看到他的想法和计划，他打算离开繁华的长安，去寻找一个被称为"十洲三岛"的神秘之境。

"十洲三岛"这个神秘词汇正是由东方朔首次创造并公之于众的。在他的表述中，这个词指代被海水环绕的地方。与"洲"相比，"岛"更加独特，因为"岛"通常具有山峰等特征。这个词的出现揭开了当时汉代人民对海洋神秘面纱的渴望和探索。

随着时间的推移，《十洲三岛记》一书问世。这部作品详细描述了"十洲三岛"的地理位置、风土人情以及当地的传说和神话。这本书因此成为汉代人们对于发现和探索海洋中十个次大陆和三个仙岛的总称。

东方朔凭借自己独特的智慧、勇气和对美好生活的向往，在这充满神秘和浪漫氛围的世界中为我们描绘了一幅丰富多彩的历史画卷。如今，在漫长的历史长河中，我们依然能够感受到东方朔坚定的信念，即摆脱尘世俗务，追求心灵自由。

三、寻朔踪迹

在汉代时，东方朔的家乡平原郡靠近海边，他在 13 岁之前并没有认真读书，而是喜欢到外面"浑游"，海边是他最喜欢去的地方，也是他试图探索世界的奥秘和各种神秘幻境的发源地。关于他离开朝廷之后去了哪里，正史中并没有记载他离开长安的情况，更不用说他居住在哪里了。要寻找东方朔的踪迹，首先要翻阅大量的文献史料，其次要在广袤无垠的土地上搜索。然而，能找到与东方朔相关的痕迹的地方只有以下九处。

第一处：位于山东平原，是东方朔的故乡，那里有传说中的东方朔墓（传说是衣冠冢）以及著名的"六绝碑"等遗迹。

第二处：是在西安西北的古长安旧城永乐坊内，存在一座古墓，有人说这是东方朔的墓，也有人说这是东王公的墓（详见《唐两京城坊考·卷二》和《资暇集·卷中》）。因此，东方朔和东王公的身份容易引起人们的混淆和误解。

第三处：是位于莱州半岛的昆仑山和靠近青岛的东海边，据传说东方朔曾在此隐居修道，并最终飞升而去，一些遗物被埋藏在附近。山东省的寿光市和高密市都有一个叫作"东方村"的地方。寿光市的东方村曾有东方朔的墓，每年九月二十五日，当地人还会举行东方庙会，传说这一天是东方朔"飞升"的日子。

第四处：与昆仑山相近。根据《汉武帝内传》、《东方朔外传》和《洞冥记》等文献记载，东方朔作为王母娘娘身边的人，可以自由进出昆仑墟。

第五处：在山东泰山。《汉武内传》说："东方朔为太（泰）山仙官"，所以汉武帝去泰山封禅，一定要带着东方朔同去。

第六处：是位于东海郡的度朔山，这个地方流传着一个千年的神秘传说，至今仍然受人津津乐道。据传说，才子东方朔曾在此地默默修炼，最终修得仙道，成为了类似神仙的存在。汉代的东海郡即今天的江苏省连云港市，这里的锦屏山景色如画，其中有一处美丽的桃花涧，它附近的"度朔洞"如今依然完好无损。

第七处：在吴中（苏州）和会稽一带。据《列仙传》记载："东方朔久在吴中……后见于会稽，卖药五湖。"

第八处：在福州东北临海的大姥山。《读史方舆纪要》说：大姥山原名大母山，东方朔去了那里，将"母"改成了"姥"。

第九处是位于湖北省黄石市的东方山，这座山因东方朔在此隐居修道而得名。除了保存着"道洞云停""仙履日暄"等遗迹外，该地还有一个古老的地名叫作"曼倩埔"，并充满了各种关于东方朔的传说。

上面提到的东方朔的一些遗迹，只是他在"大汉"鼎盛时期所做出的辉煌成就的一部分，主要集中在"大汉"疆域内的贡献。然而，《洞冥记》这部经典的古代历史文献中记载了东方朔曾经去过的西域以外的中亚古国，包括丝绸之路上的"西那汗国""支提国"等地，这些地区都是他为了寻找传说中的仙境而不惜踏上的艰难旅程的目的地。这些地方不仅远离了"大汉"的疆域，也是他追寻仙境梦想时前往的遥远边疆地区。

四、与世长辞

据史料记载，东方朔去世的确切年份无法考证，但可以确定他去世时处于汉武帝晚年时期。在他临死之前，东方朔作为一名忠诚的臣子，写了一封谏书给汉武帝，这是他一生中最后的一道谏言。在谏书中，他引用了《诗经》中的话，劝告汉武帝不要轻信谗言，因为谗言是没有边界的，会导致天下大乱。汉武帝读完东方朔的谏章，感到有些奇怪，他说："近来东方朔为何总是讲一些非常好的话呢？"不久之后，东方朔果然病逝了。人们常说："鸟之将死，其鸣也哀；人之将死，其言也善。"这正是东方朔的情况。

从东方朔见到汉武帝到去世，他在汉武帝身边共待了18年（实际时间可能更长）。东方朔去世后，汉武帝感到失去了通往成仙之路，他感到十分伤心，对东方朔真的去世有所怀疑，怀疑其中是否隐藏着问题，然而，他询问了所有人，都无法得知答案。

直到有一天，他终于向当时著名的星占家大王公询问。大王公擅长观测天象。汉武帝问大王公，东方朔去世后，天上的星象是否有变化？大王公回答说："我只知道一个变化。18 年前，天上的岁星（即木星，绕太阳运行一周大约需要 12 年）突然消失了，最近才又突然出现。"听到这个回答，汉武帝突然醒悟，意识到东方朔是天上的岁星下凡，他伤心地说："东方朔在我身边待了18 年，我却毫不知情。这说明我太过疏忽大意了。"

在东方朔还活着的时候，或者他刚去世不久，人们便将他说成了神人异端的存在。后来，历代文人雅士为东方朔撰写传记、作画赞，使他的形象被越传越神。有许多画家将他描绘成盗桃仙人，其中包括唐代大画家吴道子，宋元民间缂丝工艺师，明代唐伯虎，清代任渭长，现代大画家齐白石、邓芬等，他们的作品《东方朔盗桃图》至今仍流传。

在西汉末年，著名学者刘向说过，他小时候多次向老人和了解东方朔生平的人询问有关东方朔的事情，他们都说东方朔口才流利，能言善辩，但说话不拘常理，喜欢诙谐幽默，说话离题，这导致后世对他形成了许多传闻。另一位西汉末年的知名学者扬雄也认为东方朔的言行不洁，有损自己的形象。然而，东汉时期著名的史学家班固对东方朔做出了更为准确的评价。他说：

第十章 东方传奇

"东方朔之所以名声超过实际，声名远扬，是因为他过于幽默诙谐，没有一件行为是正经的。他的幽默机智像个相声演员，口若悬河，反应敏捷，极为聪明。他直言极谏对汉武帝表现了他的正直，他不炫耀，不追逐名利，将自己优秀的品德隐藏起来，像一个隐士一样。他还教诲自己的儿子说：'像伯夷、叔齐那样饿死在首阳山，不吃周朝的粮食，这种行为是愚蠢的；像老子那样充满智慧，一生只做了一个普通官员，隐藏在朝廷之中，终身无忧无虑才是最聪明的。以吃饭不为目的，从容悠闲地担任官职替代耕种，随机应变，避免祸患，享受幸福的生活。'"这样的人，是真正的滑稽大师，一位智慧圣人！

附　录

东方朔年谱

汉文帝后元三年（前161），东方朔在平原厌次（今山东省德州市陵城区神头镇）出生。小时候失去了父母，由兄嫂抚养长大。（引自《应诏上书》）

从汉景帝中元元年（前149）到汉景帝后元三年（前141），东方朔年龄为13岁到21岁。在13岁时学习书法，三年后对文史有了扎实的基础。15岁时开始学习击剑，16岁时开始学习《诗经》和《尚书》，背诵了22万字的内容。19岁时学习孙子和吴子的兵法，同时也熟悉战阵和击鼓的知识，背诵了22万字。（引自《应诏上书》）

汉武帝建元元年（前140），东方朔年满22岁。应武帝的诏令，他前往长安寻求官职。他给皇帝上书的奏书总共有三千份。（引自《史记·滑稽列传》）他的文辞不凡，自称能力非凡。皇帝非常称赞他，并命令他等待召见的官车。（引自《汉书·东方朔

传》)

汉武帝建元二年（前 139），东方朔 23 岁。他曾通过恐吓矮人的方式得到见汉武帝的机会，并且被召见到金马门等候皇帝的诏命。同年，由于他在射击和辩论上的才华，他升任为常侍郎。（引自《汉书·东方朔传》）

汉武帝建元三年（前 138），东方朔 24 岁。夏天发生了一起割肉的事件。秋天，他写了一篇谏言《起上林苑疏》，因此被提升为太中大夫。（引自《汉书·东方朔传》）

汉武帝建元四年（前 137）至汉武帝建元六年（前 135），东方朔年龄在 25 岁到 27 岁之间。起初，他因醉酒在殿上犯错而被贬为庶人，被派为待诏宦者署，后来又被任命为中郎。（引自《汉书·东方朔传》）

汉武帝元光五年（前 130），东方朔 32 岁。那年，他陪同汉武帝游览上林苑，可能创作了《平乐观赋猎》。此外，还有一次他阻止了董偃进入宣室的事情。（引自《汉书·东方朔传》）

汉武帝元朔元年（前 128），东方朔 34 岁。这一年，汉武帝的太子出生，东方朔写了《皇太子生祺》。（引自《汉书》之《枚皋传》)

汉武帝元朔三年（前 126）或汉武帝元朔四年（前 125），东方朔 36 岁或 37 岁。东方朔写了《与公孙弘书》，在这两年内，还可能创作了《难公孙弘书》。（引自《汉书·东方朔传》）

汉武帝元朔四年（前 125），东方朔 37 岁。那年冬天，东方朔随同汉武帝前往甘泉宫，向公孙弘借车马，并写了《从公孙弘借车马书》。（引自《汉书》之《教武本纪》《郊祀志》）

汉武帝元朔五年（前 124）至汉武帝元狩二年（前 121）或更晚，东方朔 38 岁至 41 岁或更晚，在这期间，他可能创作了《答帝自问》和《答帝问才》等作品，其中后者可能稍晚些创作。（引自《汉书·东方朔传》）

汉武帝元狩元年（前 122），东方朔 40 岁。那一年，东方朔展示了他的智慧和远见，还写了《伯夷颂》，同时匈奴混邪王前来归降，汉武帝对东方朔进行了慷慨的奖赏。（引自《汉书·东方朔传》）

汉武帝元狩四年（前 119）至汉武帝元狩六年（前 117），东方朔 43 岁到 45 岁，其间他应该写了《答骠骑难》。（引自《汉书·霍去病传》）

汉武帝元鼎二年（前 115），东方朔 47 岁。那一年，汉武帝建起了柏梁台，在殿上用香柏做了柱子，香味传出十里。东方朔创作了《屏风》和《殿上柏柱》，这两篇作品可能与这根香柏柱

有关。(引自刘向《别录》)

汉武帝元封元年（前110），东方朔52岁。那一年，东方朔随同汉武帝封泰山，可能有一篇《封泰山》的作品（引自刘向《别录》）。另外，东方朔还劝阻汉武帝前往海边寻仙之事。(引自《资治通鉴·汉纪十二》)

汉武帝元封二年（前109）至汉武帝元封三年（前108），东方朔53岁到54岁。元封二年（前109），汉武帝前往万里沙祷告祈求雨水，次年又祭祀灵星，东方朔写了《旱颂》的作品可能创作于这两年之间。(引自《汉书·郊祀志》，文见《东方大中集》)

汉武帝元封五年（前106），东方朔56岁。那年冬天，东方朔随汉武帝南巡，创作了《宝瓮铭》。(引自《汉书·武帝纪》)

汉武帝太初元年（前104），东方朔58岁。那年，汉武帝建了章宫，东方朔写了《化民有道对》。(引自《汉书·武帝纪》)此外，东方朔的《与友人书》可能写于这年或稍后。(引自《东方大中集》)

汉武帝太初三年（前102）至汉武帝天汉四年（前97），东方朔60岁到65岁。从东方朔的思想发展和他作品的内容来推论，他在这几年可能创作了《嗟伯夷》《答客难》《非有先生论》和《七谏》等作品，但是这四篇的先后顺序无法确定。(引自《汉

书·东方朔传》)

汉武帝太始元年（前 96）至汉武帝太始四年（前 93），东方朔 66 岁到 69 岁。在这段时间内，他可能创作了《据地歌》和《诫子诗》等作品。此外，东方朔在临死前劝阻汉武帝远离奸佞之人，纳纳忠言。

后 记

经历了一个漫长的酝酿期后，当我终于决定提笔开始撰写东方朔的故事时，我心中的创作欲望已经犹如波涛汹涌的海洋般无法抑制。东方朔那诙谐幽默、机智过人的性格，正直坦率、不畏强权的正谏风骨，隐晦的秽德品质，以及他那智勇双全、巧妙应对的智者形象，都淋漓尽致地展现出他那独特的人格魅力。

在此书的完成过程中，我要感谢策划人赵维宁的悉心指导和鼓励，他孜孜不倦的敦促让我充满了无限的动力。同时，我也要感谢我的爱人刘维贵和女儿刘艺菲，他们的鼓励和支持给我带来了无尽的温暖和力量。有了他们的陪伴，我在创作的道路上不再感到孤独，充满了幸福感。最后，我要感谢一下自己，为了心中的目标，我全身心投入，最终完成了这本书。我要向努力不懈的自己致敬，向辛勤努力的自己致敬！

请允许我在此承认，由于我个人水平有限，书中可能存在一些不当之处。我非常期待广大读者的批评指正，这将有助于我在学习的道路上不断进步。

刘叶青

2023 年 10 月